ɘ Entwicklungsgeschichte von den Anfängen bis zum Erscheinen des Menschen in Bayern verglichen mit einem Jahreslauf

Illustrierte Zeittafel zur bayerischen Geschichte

I

rosenheimer raritäten

Hans Heyn

Illustrierte Zeittafel zur bayerischen Geschichte

Bayerns Vorzeit

rosenheimer

Inhalt

Vorwort: Am Anfang war ein Ärgernis

Wann hat die Erde aufgehört, ein leuchtender Stern zu sein, und welcher atmosphärische Wandel war erfolgt, als der erste Regen fiel? War Bayern schon vor der Alpenbildung als Landschaft erkennbar? Erschien der Mensch hier bereits vor oder erst nach der Eiszeit? Warum fließt der Main nicht mehr zur Donau und die Mangfall nicht mehr in die Isar? Haben die Hallstattmenschen schon das Rad gekannt, und war das Klima damals wärmer als heute?

Es war ein Ärgernis, auf solche und andere Fragen keine Antworten zu haben und den historischen Ablauf nicht erkennen zu können. Aus diesem Unbehagen heraus entstand die vorliegende Zeittafel. In chronologischer Folge ist darin die Entwicklungsgeschichte der Erde und das Geschehen in Bayern mit Fakten, Daten und Bildern aufgezeigt. Mit Blick auf einen interessierten Leser, dem, aus welchen Gründen auch immer, die Schule nicht das Wissen vermitteln konnte, habe ich herangezogen, was zum Verständnis der jeweiligen Zeit als notwendig erschien. Die Sammlung greift zuweilen über eine reine Datenangabe hinaus, um den Hintergrund erfahrbar zu machen. Die Gefahr einer zumindest teilweisen Subjektivierung ist damit gegeben. Eine Einschränkung bedeutet auch, daß nicht alle Fakten gesichert und die Meinungen übereinstimmend sind. Dazu kommen mögliche eigene Fehler in der Einordnung, da der vorliegende Band 1 doch weitgehend eine schriftlose Zeit behandelt. Ich bin darum im voraus für alle Korrekturen dankbar. Vieles ist Fragment geblieben und kann nur Anregung für eigenes Arbeiten sein. Die Beschäftigung mit vergangener Zeit und den Verhaltensweisen der Leute, die vor uns da waren, bedeutete mir Bereicherung. Der Lektüre folgten Reisen zu den Schauplätzen. Dabei zählen die Unterhaltungen mit den Wissenschaftlern zu den nachhaltigsten Eindrücken. Mein Dank gilt insbesondere Herrn Dr. Ortwin Ganss für seine Nachhilfe in Sachen Geologie. Den Leser bitte ich um Nachsicht, daß aus dem eigenen Umfeld des Verfassers, der Landschaft zwischen Inn und Salzach, besonders viele Angaben stammen. Dies ist auf das Bemühen zurückzuführen, den Standort, die engere Heimat kennenzulernen. Erst mit zunehmender Kenntnis und der Einsicht, daß kaum etwas isoliert geschieht, weitete sich der Berichtsbereich. Da war auch die Erfahrung, daß sowohl ›alles fließt‹, als auch alles wiederkehrend ist. Darin liegt überhaupt die Chance der Geschichte: aus Vergangenem zu lernen, um die Gegenwart zu verstehen und neuen Lehren und vermeintlichem Fortschritt nicht ahnungslos gegenüberzustehen.

Hans Heyn

Nichts in der Welt hat Bestand,
und immer folgt Ebbe den Fluten.
Jede Gestalt, die entsteht,
trägt im Schoß schon den Keim ihres Wandels.

Ovid, (43 v. – 17 n. Chr.).

Vom Ursprung des Lebens

Für den Ursprung des Lebens auf der Erde gibt es bis heute drei Vorstellungswelten. Da ist der Glaube an die Schöpfung als göttlicher Akt. Er bildet den Inhalt aller Religionen und findet in unserer Kultur in der biblischen Geschichte Ausdruck. Diese ethische Auslegung bestimmt seit bald zweitausend Jahren mit das Geschehen in Bayern und darf als allgemein bekannt vorausgesetzt werden.

Das Thema dieses Buches ist die naturwissenschaftliche Darstellung, die zwei Denkmodelle entwickelt hat. Da ist die Lehre der Panspermie, wonach Leben im Ursprung von einem Himmelskörper auf andere übertragbar ist. Für diese Hypothese der Kosmozoen besitzt die Naturwissenschaft bis heute noch keine gesicherten Erkenntnisse. Dagegen ist die Urzeugung, die Entstehung von Leben aus lebloser (anorganischer) Natur und zufälliger Verbindung zu lebenden (organischen) Substanzen durch Funde belegt und auf Experimente gestützt. Trotz vieler wissenschaftlicher Erkenntnisse bleiben Rätsel, und der eigentliche Ursprung des Lebens liegt nach wie vor im dunkeln.

Die Anfänge unserer materiell erfaßbaren Welt liegen rund vier Milliarden Jahre vor unserer Zeit. Es ist ein Zeitraum, der das Vorstellungsvermögen des Menschen im allgemeinen übertrifft, da sein Leben, gemessen am Erdalter, nur einen Augenblick zu dauern scheint. Die Zeittafel ist darum ein Zeitraffer, sie beginnt dort, wo die Erde Gestalt annimmt und Leben entsteht.

Die Erde aus dem Weltraum gesehen. Vor rund 4,5 Milliarden Jahren beginnt ihre Geschichte, als sie aufhört, ein leuchtender Stern zu sein und sich um den Himmelskörper eine Kruste bildet. Es entwickelt sich organisches Leben, lange ehe eine bayerische Landschaft erkennbar ist und das Alte Gebirge und die Alpen auftauchen. Noch viel später erscheint der Mensch als jüngster Typ der Lebewesen. Er entwickelt sich im Zeitraum von rund 400 000 Jahren so weit, daß er in den Weltraum fliegen und die Erde als Himmelskörper sehen kann. Die Aufnahme ist während eines Mondfluges entstanden. Sie zeigt über dem Mondhorizont die Erde. Das untere Drittel erreichen die Sonnenstrahlen nicht, es wird vom Schatten des Mondes verdeckt. NASA-Photo

Zeittafel

Jede absolute Chronologie, die Angabe exakter Jahreszahlen, scheitert an den schriftlosen Perioden. So ist die vorgeschichtliche Zeit in Bayern nicht mit genauen Daten zu belegen. Erst mit dem Jahr 15 v. Chr. läßt sich ein Ereignis auf das Jahr genau fixieren. Damals faßten die Römer im Norden der Alpen Fuß. Aber auch der klimatische Wechsel sowie die Entwicklung des Menschen, seiner Zivilisation, Kultur und Kunst sind übergreifend und in Schüben oder in großen Zeiträumen erfolgt. Darum können Jahreszahlen oft nur als Orientierungshilfe, beziehungsweise Mittelwert verstanden werden. Die Zeitangaben in Jahreszahlen sind auf den Beginn unserer Zeitrechnung, das Jahr 0 (Geburt Christi), und nicht auf die Gegenwart (B. P. before present) bezogen.

5 000 000 000

Das *Sternzeitalter* der Erde (Astralzeit) beginnt vor mehr als 5 Milliarden Jahren. Aus der Sonne lösen sich neun glühende Himmelskörper, darunter die Erde. Der leuchtende Wandelstern kreist als Planet um die Sonne und erreicht unter den neun die drittnächste Annäherung.

4 600 000 000

Die glutflüssige Erde strahlt Wärme in den Weltraum ab, so daß an ihrer Oberfläche ein Erkalten der Hülle erfolgt. Der Planet leuchtet immer schwächer, erlischt und hört auf, ein Stern zu sein. Die Astralzeit (Sternzeit) der Erde ist zu Ende. Die Erdurzeit (Archaikum, Azoikum) beginnt.

4 500 000 000

Die Uratmosphäre der Erde bildet ein Gasgemisch, das sich vorwiegend aus Wasserstoff und Helium zusammensetzt. Das Sonnenlicht erreicht noch nicht die Erdoberfläche.

4 000 000 000

Die Erde kühlt soweit ab, daß sich an der Oberfläche die Kruste verstärkt. Die Glutflußmassen erstarren unter hohem Druck langsam zu grobkristallinen, meist granitischen Gesteinen. Die älteste Zeit beginnt. Sie ist noch ohne organisches Leben und entspricht in der Erdge- hichte mit 30% dem längsten itraum. Der bayerische Land-

Vergleich – Der Glutfluß der Lavaströme aus dem Erdinnern erstarrt an der Oberfläche. Wo immer seither Vulkane aufbrechen, wiederholt sich dieses Bild wie hier auf Lanzarote.

Vergleich – Die ersten Gebirge sind aus Feuer entstanden. Im Bild Vulkanberge auf den Kanarischen Inseln, wo die Vulkantätigkeit noch nicht erloschen ist.

schaftsraum ist noch lange nicht erfaßbar.

Der zu Stein gewordene Erdmantel hat keinen festen Kern, er umspannt schwimmend das Magma, das glutflüssige Gestein im Erdinnern. Die feste Erdkruste ist dünn, und entspricht im Vergleich der Schale eines Apfels. Die Kristallisation (Erstarrung) ist heute bis in mehr als 100 km Tiefe fortgeschritten, was indes noch immer den Anfang des Erkaltungsprozesses bedeutet, da der Erdmittelpunkt 6370 km von der Erdoberfläche entfernt liegt.

Es ist unwahrscheinlich, daß unveränderte Reste der ersten Erstarrungsphase der Erdrinde noch erhalten sind. Die ältesten Glutfluß- und Ablagerungsgesteine haben zu verschiedenen Zeiten durch Druck- und Temperatureinflüsse eine Umwandlung (Metamorphose) erfahren. Das älteste bekannte Alter von Gesteinen liegt bei 3600 Millionen Jahren. Es sind Erstarrungsgesteine, kristalline Schiefer, Schichtgestein, das durch wiederholten Schmelz- und Erkaltungsprozeß stark umgewandelt ist. Ferner Glutflußgestein wie »bodenlose« Granite, die unter der Erdkruste erstarrt sind.

3 500 000 000

Die Erde bildet eine Panzerdekke, deren Lavaströme an der Oberfläche erstarrt sind. Die hohen Temperaturen des Glutflusses sinken, die Dampf- und Gashülle kühlt ab. Bei 374° C ist der kritische Punkt des Wassers erreicht, Wasserdampf verdichtet sich und kondensiert. Es fällt erstmals Regen. Die wasserlose

Erster Regen fällt bei 374° C und darunter.

(anhydrische) Zeit ist beendet, es beginnt die ozeanische. Heiße Sturzregen bilden brodelnde und kochende Urmeere, die langsam abkühlen. Über der 60 m starken Erdkruste sinken die Temperaturen auf unter 100° C ab.

Die Temperatur an der Erdoberfläche sinkt unter 90° C ab. Eiweiß gerinnt nicht mehr, damit sind die Voraussetzungen für organisches Leben geschaffen. Es bilden sich erste Kohlenstoffverbindungen, darunter Eiweiße – lebende Materie entsteht. Es wachsen im Meer knospungsfähige Kolonien kleiner Kugelkörper (Eobionten). Alles Leben ist künftig vom Sonnenlicht abhängig. Die Photosynthese, der Aufbau chemischer Verbindungen durch das Einwirken von Licht, hat begonnen. Fortan bilden sich organische Stoffe durch Umwandlung (Assimilation) der von einem Lebewesen aufgenommenen Nahrung in einen Körperstoff. Den Wechsel von anorga-

Die wasserlose, anhydrische Zeit ist beendet. Es bilden sich die Urozeane aus. Ebbe und Flut nehmen ihren Anfang. Die Aufnahme zeigt das im Gezeitenrhythmus abfließende Meer. Sand und Fels, die vor einer Stunde noch überflutet und untergetaucht lagen, sind trockengelegt. Die Tiden, regelmäßige Schwankungen des Meeresspiegels, wiederholen sich in etwa 12½stündigen Abständen.

Bäche, Flüsse und Ströme bilden sich. Die Wasser münden im Meer, das zusehends salziger wird, da der Niederschlag aus den Gesteinen das Salz gelöst und ausgeschwemmt hat. Die fließenden Wasser verändern seither permanent ihren Lauf und das Landschaftsbild. Die Aufnahme rekonstruiert das Geschehen an einem mäandernden Bachlauf vor der Mündung ins Meer.

nischen in organischen Stoff bewirken Wasserstoff und Sauerstoff in den blattgrünhaltigen Zellen der Pflanzen.
Die nunmehr fortwährende Veränderung auf der Erdoberfläche verursachen auch Niederschläge, die feste Formen auflösen, so daß es neben den durch Feuer gebildeten Erstarrungsgesteinen zu Ablagerungsgesteinen, den Sedimenten, kommt.

3 000 000 000

Heftige Gewitter und Regen von heute kaum mehr vorstellbarer Stärke schwemmen und laugen an der Erdoberfläche die Gesteine aus. Chloride (Salze der Salzsäure) und Sulfate (Salze der Schwefelsäure) gelangen gelöst ins Meer, dessen Wasser zunehmend salzig wird.

Die *Temperatur* der Erdoberfläche ist fortan schwankend, liegt jedoch meist über 0° C. Das Wasser bleibt damit, von Ausnahmezeiten abgesehen, flüssig,

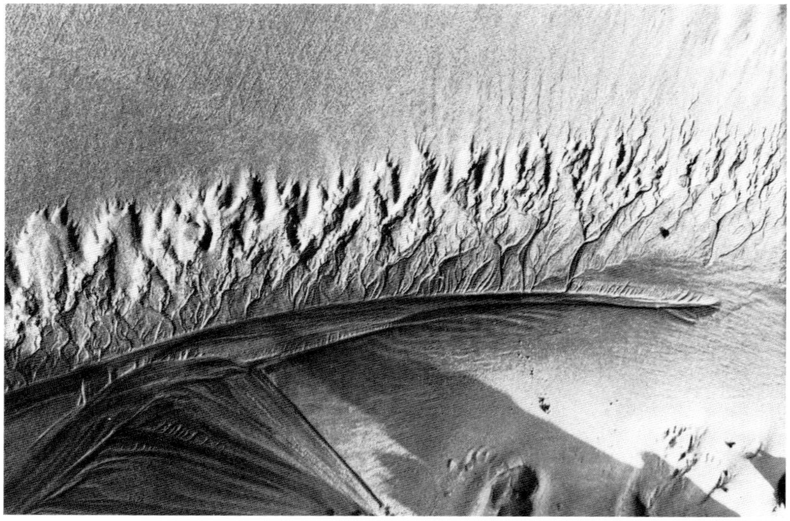

Die Vielfalt der Landformen nimmt ihren Anfang. Sie reicht vom Sandkorn bis zum Fels. Wind und Wasser bewirken die Veränderungen. Es bilden sich Bach-, Fluß- und Stromlandschaften. Fortan kommt es zu einem immerwährenden Wechsel. Im kleinen formen sich, wie hier im Ufersand, von dem gerade das Wasser abgeflossen ist, Geländeformationen, die im großen auch für Landschaften und Kontinente charakteristisch sind. Die Modelle der Natur sind, obwohl sie sich permanent verändern, bis heute wiederkehrend. Alle Bewegung wird bestimmt von der Anziehungskraft der Erde und den Gezeitenkräften von Sonne und Mond.

bewirkt chemische Reaktionen und trägt zur Bildung organischen Lebens bei.

Vergleich: Die Erde ist organischen Ursprungs, ihre Oberfläche verändert sich fortwährend, erkennen die griechischen Historiker und Philosophen Herodot und Xenophanes rund 500 Jahre vor Christi Geburt.

Sedimentgestein, durch Verwitterung entstehendes Schichtgestein wird im Wasser horizontal abgelagert. Kräfte aus dem Erdinnern bewirken in Zukunft eine Veränderung durch Heben und Senken, Auftauchen und Verschwinden. Diese Erkenntnis gewinnt der dänische Arzt Steno (1638–1686) als erster.

2 700 000 000

Erstes Leben entwickelt sich im Wasser. Es sind Bakterien, aus denen Pflanzen (Algen) werden, denen später Tiere folgen und schließlich der Mensch. Flora und Fauna sind älter als Homo.

Im Wasser entwickeln sich mikroskopisch kleine Pflanzen und Tiere.

2 600 000 000

Das Leben wird zunehmend vielfältig. Bakterien zählen zu den ersten Einzellern, die sich aus organischen Riesenmolekülen bilden. Aus ihnen entwickeln sich im Zeitraum von Jahrmillionen Mehrzeller, zu denen Quallen, Würmer und die Kopffüßler als Leitfossilien zählen.

Das Leben findet einstweilen ausschließlich im Meer statt.

Alles Land, das vom Wasser nicht überflutet ist, verwittert unter chemischen und pysikalischen Einflüssen. Wind und Regen befördern die Ablagerungen. Sie bilden in Becken lockere Sedimente, die sich später verdichten, verkitten und wieder zu Gestein werden. Ein ständiger Wandel des Werdens und Vergehens hat begonnen.

2 500 000 000

Gegen Mitte der Erdfrühzeit (Präkambrium) sind bereits viele Lebensspuren gesichert. Mit Ausnahme der Wirbeltiere kommen bereits alle heute lebenden Tierstämme vor:
Zu den Urtieren zählen Strahlentierchen (Radiolarien) und Lochträger (Foraminiferen), Hohl- oder Pflanzentiere wie Kieselschwämme (Spongien), deren Nadeln man ebenso gefunden hat wie Stiele von Seelilien (Crinoiden) als Vertreter der Stachelhäuter. Weiter finden sich Mollusken (Weichtiere):

Muscheln, Schnecken, Würmer (Vermes), deren Kriechspuren und Bohrgänge nachgewiesen sind, sowie Gliederfüßler (Arthropoden). Die ersten Tiere und Pflanzen sind ausnahmslos mikroskopisch kleine Lebewesen.

1 000 000 000

In der Erdurzeit bildet ein Grundgebirge bereits den Sockel für die *Süddeutsche Großscholle*, die später bei der Alpenfaltung in mehrere Brüche zerfällt. Das nordbayerische Schichtstufenland und die Vorlandmolasse

Aus den Pflanzen der Tangzeit entwikkeln sich wirbellose Tiere, Medusen.

südlich der Donau gehören zur Großscholle. Sie bildet ein fast gleichseitiges Dreieck mit 500 km langen Seiten zwischen Basel, Hohem Meißner und Linz an der Donau. Der Südrand verläuft an der Nahtstelle von ungefalteter außeralpiner Vorlandmolasse und gefalteter Molasse. Diese entspricht der Linie Bregenz–Kempten–Peißenberg–Prien–Traunstein–Laufen.

800 000 000

Schon zur Urzeit der Erdgeschichte sind *Eiszeiten* wahrscheinlich. Dem Algonkium (benannt nach einem indianischen Stammland) gehören in Nordamerika und Südafrika sowie im Kongo Moränen und Lehme an, die auf Gletscherschutt schließen lassen.

570 000 000

Die Gesteine des ostbayerischen Alten Gebirges entstehen an der Wende von Erdurzeit (Präkambrium) und Erdaltertum (Paläozoikum).

Die Urzeit der Erde ist zu Ende. Das Erdaltertum (Paläozoikum) beginnt. An den Körpern der bisherigen Weichtiere bilden sich nunmehr erstmals Hartteile aus. Die Entwicklung wird durch erhöhten Sauerstoffgehalt in der Luft begünstigt. Die Atmosphäre ist ozonreicher, die gefährliche UV-Strahlung wird geringer. Die Veränderung bewirkt einen verbesserten Stoffwechsel bei den bestehenden Lebewesen und damit in der Folge ein Vegetations- und Artenwachstum im Meer.

An den Körpern der Weichtiere bilden sich Hartteile.

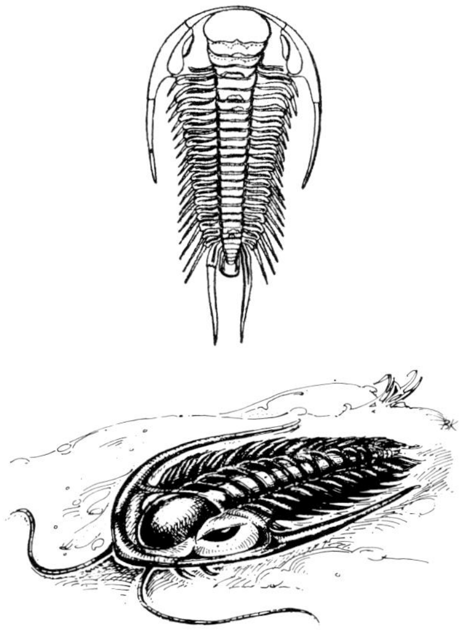

Der Dreilappkrebs ist ein blinder Gliederfüßler. Mehr als die Hälfte aller bekannten Tierarten zählen im Erdaltertum zu der Gruppe der Trilobiten.

Das Kambrium (= Cambria, alter Name von Wales) beginnt. Es erstreckt sich über 70 Jahrmillionen. Ein Flachmeer überflutet weltweit ein weitgehend eingeebnetes Festland. Das Leben entfaltet sich auch weiterhin im Meer. Zu den marinen Wirbellosen zählen die asselähnlichen Krebstiere der *Trilobiten*. Wegen ihrer Dreigliederung in Kopf-, Rumpf- und Schwanzschild werden sie Dreilapper genannt. Diese Leitfossilien erreichen 2–10 cm, später bis zu 40 cm Länge. Ferner erscheinen die *Brachiopoden*. Die Armkieler, auch Loch- oder Lampenmuscheln genannt, besitzen im Gegensatz zu Muscheln eine bilateral (zweiseitig) symmetrisch gebaute Ventral- und Dorsalklappe. Erstere ist größer und an der Spitze schnabelartig gekrümmt. Ein meist deutliches Loch kennzeichnet die Austrittsstelle eines Muskels, mit dem die Tiere vom Meeresboden emporgewachsen sind.

In den folgenden 140 Jahrmillionen des Erdaltertums bilden sich die Gesteine der Grauwackenzone. Es ist Tonschiefer mit quarzitischen Einlagerungen und Dolomit. *Grauwacke* treten am Nordalpenrand selten (Hochgern) auf. Die Zone schließt das Ursprungsgebiet von Saalach und Salzach ein und grenzt an die Schieferhülle der Tauern.

Das Klima ist zuerst kühl und wird wärmer. Im Meer leben nur Nichtgefäßpflanzen, zu denen die Algen zählen. Erst nach 70 Millionen Jahren entwickeln sich Gefäßpflanzen.

550 000 000

Zur Tangzeit findet in den Meeren weltweit eine starke Kalkabscheidung statt.

Graptolithen, 2–5 cm lang, bilden im Meer Kolonien. Aus dem Körper der Proteinhülle wachsen Äste.

Im Frankenwald erfolgt eine frühe Vulkantätigkeit, nachgewiesen in den Triebenreuther Schichten, die neben Tonschiefer vulkanischen Tuff aufweisen.

Im *Steinachtal* des Frankenwaldes sind die meisten Gesteinseinheiten ausgebildet, die im Erdaltertum (Kambrium bis Perm) vorkommen. Die Vielfalt und der rasche Wechsel bewirken eine artenreiche Flora. In der Klamm des Steinachtales wurde mit einem Trilobit, einem Dreilappkrebs, das älteste in Deutschland bekannte Leitfossil gefunden.

530 000 000

Die ältesten Tier- und Pflanzenreste (Fossilien) in Bayern sind im Frankenwald, in der Gegend von Stadtsteinach, nachgewiesen. Hauptfundort ist der Galgenberg südlich Premeusel (Rutte).

Das ostbayerische *Alte Gebirge* wird als Teil der Böhmischen Masse erstmals in der Assyntischen Ära durch Gebirgsbildungen bewegt. Im Zeitraum von 250 Millionen Jahren formt sich das Mittelgebirgsland zwischen Hof und Passau heraus. Den südlichsten Teil bildet der Bayerische Wald, dessen Gestein sich noch bei Passau unter der Donau fortsetzt und letztmalig im Granitsporn von Schärding (Oberösterreich) in Erscheinung tritt. Das Mittelgebirge hat während der vor 280 Mio Jahren erfolgten variscischen Gebirgsbildung seine bisher letzte Veränderung erfahren. Zwischen Cham-Further Senke, Regen und Donau sowie der Grenze nach Österreich bilden kristalline Schiefer das Grundgebirge. Es wird bei der Auffaltung von flüssigem Magma übergossen, das als Granit die Gipfel und Blockmeere bildet. Höchste Erhebung: Großer Arber, 1456 m.

500 000 000

Das Ordovizium (nach dem keltischen Volksstamm der Ordovices in Wales benannt), beginnt. Es dauert 70 Jahrmillionen. Mit-

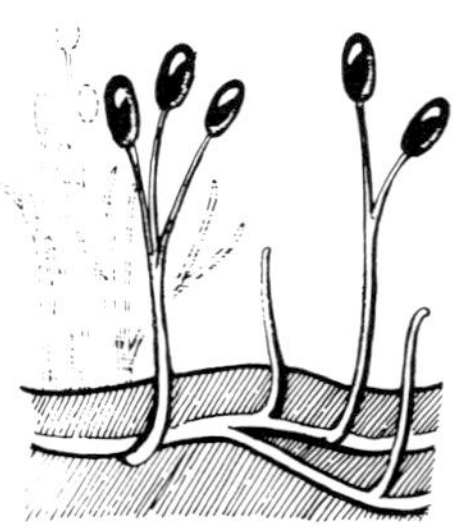

Die Pflanzen tauchen auf, erreichen das Ufer und gewinnen das Land.

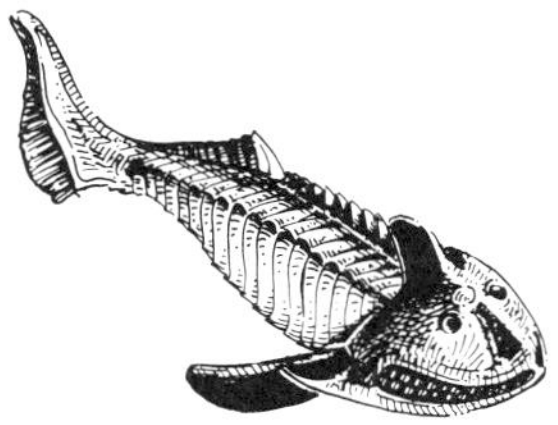

Die Fische erscheinen als letzter Stamm der Wirbeltiere.

tel-, West- und Südeuropa werden weiträumig überschwemmt.

Mit den *Fischen* erscheint der letzte entwickelte Stamm der Wirbeltiere. Riesenkrebse sind überliefert. Erstmals beginnen die Pflanzen und Tiere (Skorpione) an Land zu steigen, wobei der Typ Ptenygotus bis zu zwei Meter Länge erreicht. Ein entfernter Nachfahre ist Limulus, ein im Solnhofener Schiefer überlieferter Schwertschwanzkrebs, dessen Art bis heute überlebt hat.

Der Bergbau bei Kupferberg-Wirsberg im Frankenwald hat im Vulkanismus des frühen Erdaltertums (Ordovizium) seinen Ursprung. Hier bildet sich das bedeutendste Kupfervorkommen in Bayern.

Die ersten *Fische* sind noch kieferlos.

Pflanzen wandern, aus dem küstennahen Meer kommend, in Süßwassergebiete und die Flüsse aufwärts. Ihre Gefäßsysteme werden fester und ermöglichen Nährstoffbeförderung in die aufragenden Sprosse.

450 000 000

Im Zoppatental im Frankenwald bilden sich in lichtem Schiefer die goldführenden Antimongänge heraus. Haupterze sind Pyrit und Arsenkies. Das Vorkommen führt dazu, daß Kronach im Jahr 1365 zur Bergstadt Goldkronach wird. In der zwei Generationen dauernden Blütezeit des Bergbaus werden aus einem Zentner Schlich (feinkörniges Erz) 3–6 Lot (50–100 Gramm) Gold gewonnen (nach Rutte).

430 000 000

Das *Silur* (nach den keltischen Silurern in Südwales benannt) beginnt. Es dauert 45 Jahrmillionen. In Nordeuropa steigen die Kaledonischen Alpen, ein Mittelgebirge, auf, durchsetzt von granitischen Magmen und Vulkanen. Alteuropa wächst aus dem Meer. Die Insel Gotland ist eine Typlokalität für das Gotlandium. Das Mitteleuropäische Becken bleibt weitgehend Meeresgebiet mit reicher Korallenfauna (überwiegend Tetrakorallen), in diagenetisch wenig verfestigten, von keiner Verfaltung erfaßten Mergeln. Die ersten *Landpflanzen* treten auf. Vorläufer der späteren Steinkohlenpflanzen (Lepidodendren = Schuppenbäume). Die ältesten Gefäßpflanzen sind als Landflorabewohner verbürgt. Formenreiche Entfaltung der Korallen.

Die Erde bildet einen großen Block. Nach der Kontinentalverschiebungstheorie des deutschen Wissenschaftlers Alfred Wegener von 1912 driftet dieser auseinander und bildet Kontinente.

Muscheln, Schnecken und Kopffüßler erscheinen.

Die ersten *Fische* haben noch primitive Formen, besitzen aber bereits eine Wirbelsäule. Aus ihnen entwickeln sich die *Quastenflosser*, die auch an Land leben können. Muscheln und Schnecken sowie Brachiopoden (Armfüßler) erscheinen in vielerlei Arten. Tausendfüßler und Skorpione werden Landtiere.

Die *Pflanzen*, die ans Land geschwemmt werden und nicht mehr im Meer schwimmen, müssen die Schwerkraft überwinden. Es bilden sich stützende Gefäße heraus, die das Wachstum in Richtung der Sonne ermöglichen. Aus abgestorbenen Pflanzen, Mikroorganismen, Bakterien, Flechten und Pilzen bildet sich Humus als Grundlage für alles höher entwickelte pflanzliche Leben.

400 000 000

Im Obersilur erreichen einige Tierarten bereits beträchtliche Größen. Schwertschwänze (Limulidae), heute als Molukkenkrebse bekannt, bilden mit zwei Metern Länge die größten Arten des mittleren Erdaltertums.
Die Kopffüßler (Nautiloiden) erreichen sogar bis zu vier Meter Länge und zählen mit verschiedenen Spinnenartigen (Chelicerata) zu den gefräßigsten Räubern der Silurmeere. Beide Arten haben keine natürlichen Feinde.

395 000 000

Das *Devon* (nach der englischen Grafschaft Devonshire benannt) beginnt. Es dauert fünfzig Jahrmillionen. Basische Glutflüsse mit unterseeischen Ausbrüchen durchsetzen die Erdkruste. Die kaledonischen Gebirgsbildungen sind weitgehend abgeschlossen. Die Mitteleuropäische Insel liegt zwischen dem Devonischen Mittelmeer und dem Rheinbekken. Das Mittelmeer ist noch Teil der Tethys, des Urmeers, das um die Erde reicht. Im Alpenraum gibt es keine Fundnachweise. Das Landschaftsbild bestimmt auf weite Flächen ein tiefes Grün. Die *Farne* erscheinen, zu den niederen Gefäßpflanzen zählen Schachtelhalme und Bärlapp. Insekten und Lurche sind erstmals nachgewiesen. Die Graptolithen sterben aus.

Lurche sind die ersten Landtiere.

Der südbayerische Raum ist im Erdaltertum (Paläozoikum) Festland. Nur in Nordbayern zeigen kleine fossile Vorkommen Meereseinbrüche an. Dagegen weist das Devon im Rheinischen Schiefergebirge und in der Eifel eine fossilreiche Ausbildung insbesondere von Brachiopoden (Armfüßler) und Korallen auf. Im Alpenraum sind die Zeiträume Silur und Devon örtlich in der *Grauwackenzone* nachgewiesen. Die Hauptmasse der Ablagerungen aus dem Erdaltertum ist hier jedoch fossilleer.

Breite Entwicklung der Fische.

380 000 000

Schachtelhalm-, Farn- und Bärlappgewächse erreichen im tropischen Klima Baumgrößen. Ihre abgestorbenen Reste bilden die ersten *Torfe*, die später durch chemische Reaktionen und Preßvorgänge zu Kohlelagern werden.

Bei den Fischen bilden sich erstmals Kiefer aus.

350 000 000

Schwergepanzerte räuberische Riesenfische wie die Dunkleosteus erreichen Längen bis zu zehn Meter. Sie sind die natürlichen Feinde der Urhaie. Aus den Quastenflossern entwickeln sich die Amphibien. Es sind wechselwarme Wirbeltiere mit nackter, drüsenreicher Haut und vorwiegend vier Beinen. Die Lurche sind die ersten *Landtiere*, die jedoch bis heute ihre Eier ins Wasser legen, wo sich diese als Larven oder Kaulquappen kiemenatmend entwickeln.

Im Gebiet des Frankenwalds bildet sich unter Einwirkung verschiedenartiger Sedimente Kohlenkalk, es ist die kalkige Fazies des sogenannten Kulm. Der größte Teil des Frankenwaldbodens ist aus dem Gestein des Unterkarbon gebildet. »Wegen der Ähnlichkeit einer frischen Gesteinsbruchfläche mit geschnittener Thüringer Rotwurst hat das Wurstkonglomerat seinen Namen erhalten« (Rutte).

345 000 000

Das *Karbon* (lat. carbo = Kohle) beginnt. Zur Steinkohlezeit entstehen die größten Kohlenvorräte, wenngleich der Kohleanteil innerhalb der oft sehr mächtigen Schichtenfolge nicht mehr als vier Prozent beträgt. Sumpfwälder bilden die Grundlage für die Kohlelager. Vulkanismus begleitet die von Eurasien bis Nordamerika reichende variscische Gebirgsbildung (Variscer = germanischer Stamm).

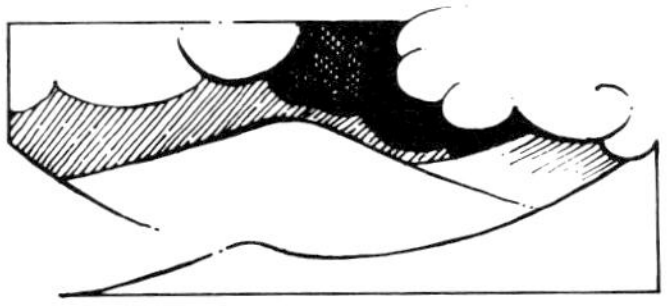

Das deutsche Mittelgebirge taucht im Zuge der variscischen Faltung auf.

Das Rheinische Schiefergebirge und die deutschen Mittelgebirge bilden sich. Die variscische Faltung ist heute vom französischen Zentralmassiv bis zu den Sudeten nur noch in abgetragenen Rümpfen feststellbar.

330 000 000

Die Erde befindet sich, wenn ihr Alter mit einem Kalender verglichen wird, nunmehr im Frühling.

In den seichten Meeren des warmen Karbon entstehen mächtige Kalkablagerungen, der sogenannte *Kohlenkalk*. Kalkbildner sind bis zu einem Zentimeter große, spindelförmige Wurzelfüßler (Foraminiferen). Diese Fusulinen genannten Einzeller und die meist kugeligen Schwaperinen treten im Kohlenkalk

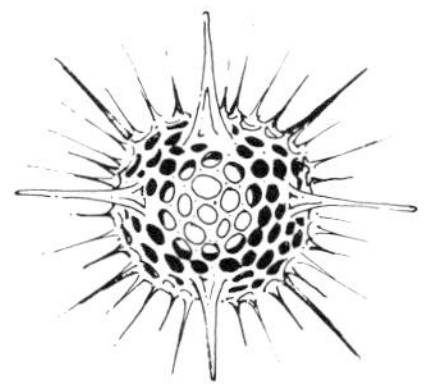

Das Kalkskelett der Einzeller Foraminiferen. Die Schalentrümmer bauen auf dem Meeresboden den Globigerinenschlamm auf, der bei der Alpenbildung als Stein erscheint.

weltweit gesteinsbildend auf. Die Karnischen Alpen bestehen zum großen Teil aus diesem Material.

320 000 000

Die ersten *Reptilien* erscheinen im Oberkarbon. Im Gegensatz zu Amphibien sind sie zur Fortpflanzung nicht mehr auf das

Erste Reptilien.

freie Wasser angewiesen. Das Ei entwickelt sich bei manchen Arten im Körper, die Tiere sind lebendgebärend.

300 000 000

Im Treibhausklima des Karbon entwickelt sich das Wachstum der Tiere. Die Urlibelle (Meganeura) erreicht eine Flügelspannweite von 75 Zentimetern.

Libellen erreichen bis zu 75 cm Flügelspannweite.

Tausendfüßler (Arthropleura) werden bis zu 150 Zentimeter groß.

Das Meer weicht zurück. Blütezeit der Bärlappgewächse, die dreißig Meter Höhe erreichen. Erste Nacktsamer (Nadelbäu-

Blütezeit der Schuppen- und Siegelbäume. Bärlappgewächse erreichen dreißig Meter Höhe.

me) erscheinen. Kennzeichnend für diese Epoche der Erdgeschichte ist eine reichentwickelte Pflanzen- und Tierwelt, die Karbonflora und -fauna. Es sind 1300 Insektenarten bekannt. Das Land bevölkern Gliederfüßler.

Farne entwickeln im Treibhausklima des Karbon großwüchsige Formen.

Cycadeen, Bäume mit Blättern wie Fiederpalmen und Siegelbäume (Sigillarien, links) erreichen bis zu 25 m Höhe.

Der Leuchtenberger Granit des Oberpfälzer Waldes erstarrt unter vier bis acht Kilometer Dachgestein, taucht jedoch erst Jahrmillionen später auf.

Der *Fichtelgebirgsbogen* entsteht. Vulkanische Ursachen wirken bei der Bildung des Granitgebirges mit. Die Schmelzflüsse (Magma) und die sich bildenden Gneise, Phyllite und Schiefer erreichen jedoch erst bei einer späteren Erdbewegung im Tertiär die Erdoberfläche. Hier wittern sie im Laufe von Jahrmillionen zum heutigen Erscheinungsbild aus (s. 65 000 000).

Die ersten Seeigel erscheinen.

Seelilien und *Seeigel* überleben mit etwas geänderter Form alle folgenden geologischen Perioden und Veränderungen. Ihre Stämme reichen bis in die Gegenwart. Die Seelilien werden in der Erdneuzeit immer artenärmer, wenige Formen behaupten sich im tieferen Wasser. Die Panzerfische sterben aus.

290 000 000

Hallstätter Kalke und *Dolinen*, bis zu dreihundert Meter mächtig, bilden sich während der Meereszeit (Tethys). Sie tauchen Jahrmillionen später bei der Faltung der Alpen u. a. in den Berchtesgadener Bergen auf. Das bunte Ablagerungsgestein ist ohne festländische Einflüsse, jedoch reich an Fossilien, darunter die Muschel Daonella (Monotis) und Ammoniten als Leitformen für das Karn. Bekannte Formationen sind Kirch- und Ruinenberg von Karlstein bei Bad Reichenhall. In den bunten Hallstätter Kalken zeichnet sich der Übergang des erdgeschichtlichen Zeitabschnittes Karn in Nor ab.

Der quarzreiche Granit von Flossenbürg im Oberpfälzer Wald bildet sich aus dem Magma. Lange ehe der Stein an der Erdoberfläche erscheint, ist er im Erdinnern erstarrt. Eine absolute Altersbestimmung aus jüngster Zeit liefert hier, im Gegensatz zu den zeitlich vagen Angaben aus der Erdgeschichte des Oberpfälzer Waldes, eine relativ genaue Datierung. Die Erstarrungszone liegt fünf und mehr Kilometer tief unter dem Dachgestein.

280 000 000

Das *Perm*, nach einer Landschaft am Ural benannt, beginnt. Es dauert rund 55 Jahrmillionen und ist der jüngste Abschnitt des Erdaltertums. Ein trocken-heißes Klima begünstigt in Mitteleuropa hochentwickelte, säuge-

Trocken-heißes Klima begünstigt säugetierähnliche Reptilien.

tierähnliche Reptilien, während Südafrika und Indien Eiszeiten erleben. Europa und Nordamerika bilden ein großes Festland, in dessen Meeresbuchten sich Salzlager bilden, man spricht von der »*Salzzeit*«.

»Mit der Zechsteinflora beginnt das Mittelalter der Pflanzenflora« (G. Wagner). Während im Saarland, in Thüringen, den Sudeten und dem Schwarzwald Vulkane das Landschaftsbild prägen, erstreckt sich im Bayerischen Hochland die Vindelicische Schwelle bis nach Böhmen. Der Untergrund ist durch Erdölbohrungen erschlossen. Dem Perm gehören in den Alpen der

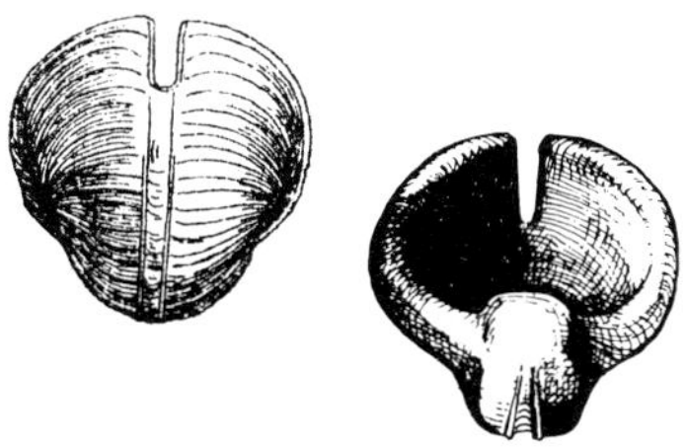

Die fast kugelige Schnecke Bellerophon bildet als Sediment den nach ihr benannten Bellerophonkalk in den später auftauchenden Alpen.

Bellerophonkalk, der Grödener Sandstein und der Bozener Porphyr an. (Bellerophon = eine fast kugelige Schnecke).

Der Aufbau des *Deckgebirges* beginnt und erstreckt sich über das ganze Erdmittelalter hinweg bis ins Quartär. Nördlich des heutigen Alpenraums bilden Bewegungen der Erdkruste in einem Zeitraum von rund 250 Millionen Jahren große Schwellen heraus, darunter die Regen-, Naab-, Fichtelgebirgs-, Schwarzburger- und Spessart-Rhön-Schwelle. Zwischen diesen lagern die namensgleichen Tröge, in denen das Meer vor dem endgültigen Zurückfluten in vielfacher Bewegung seine Sinkstoffe (Sedimente) ablagert und bodenbildend wirkt. Das Deckgebirge bildet sich unter den eigengesetzlichen Bedingungen, die Vorgänge sind vielfältig, Wiederholungen nicht erkennbar.

Zu Beginn des Erdmittelalters sinken in Nordbayern die in Streifen von Südwest nach Nordost verlaufenden Becken ein. Im mitteldeutschen Raum füllen sich die Tröge durch Ablagerungen der sie umgebenden Hochlagen. Das rote, erzfreie Liegende des Kupferschieferflözes, das der Bergmann »rotes, totes Liegendes« nennt, füllt die Becken auf. Das *Rotliegende* bezieht seine Farbe nicht, wie früher angenommen, aus einem Wüstenklima, sondern ist auf Mineralien zurückzuführen, die Eisenverbindungen eingegangen sind. Rotliegendes erreicht im Naab-Trog mit tausend Metern die größte Mächtigkeit in Bayern.

In Nordbayern erfolgt ein Meereseinbruch. Die Küstenlinie verläuft von Südwest nach Nordost. Im Süden grenzt das Meer an das *Vindelicische Festland*. Erstmals ist das Hochland erkennbar. Es erhält seinen Namen von Augusta Vindelicorum, dem Augsburg der Römerzeit. Der Küstenstrich verläuft nicht gerade, sondern ist buchtenreich. Das Meer ist seicht und teilt sich in Höhe der Rhön in das Fuldabecken im Westen und das östliche Fränkische Becken.

250 000 000

Gegen Ende des Erdaltertums (Paläozoikum) bewirkt ein Klimawechsel das Aussterben vieler Pflanzen und Tiergruppen. In Nord- und Ostbayern erscheint der *Zechstein*, er bildet während des Perm die obere Lage. Das charakteristische Gestein ist vielgestaltig und »gehört mit zum Interessantesten, was die Geologie zu bieten hat« (Rutte). Der Name ist ein bergmännischer Ausdruck: das Gestein, auf dem die Zeche steht. Es weist Kalksteine, Mergeln, Dolomiten, Letten, Gips und Salze auf. Im Gegensatz zu Hessen kommt in Bayern kein Kalisalz vor, auch die schwerkraftbedingte Salzbewegung (Halokinese) fehlt. Bei Mellrichstadt wurde das bisher stärkste Salzvorkommen mit 158 Metern Tiefe erbohrt. Aus den Ablaugungen des Zechsteinsalzes gewinnen die unterfränkischen Bäder Bad Kissingen, Bad Bocklet, Bad Neustadt und Bad Brückenau die Sole für ihre Heilwasser (s. 15 000 000).

Zu Beginn des Erdmittelalters entsteht die Gesteinsubstanz, die rund 130 Jahrmillionen später die Alpen bildet. Das *Alpengestein* ruht auf einem bereits vorhandenen Sockel des Erdaltertums sowie der Erdurzeit. Diese Gesteine treten bei der Alpenbildung nicht in Erscheinung, sind jedoch nachgewiesen.

230 000 000

Das Berchtesgadener Hasel-(Salz)gebirge nimmt im Flachwasser des Perm-Zeitalters seinen Anfang. In austrocknenden Lagunen und Seewasserpfannen bleiben Salz und Gips zurück. Das fossilienfreie *Steinsalz* wird bei der Alpenbildung geschichtet. Spätestens die Kelten beginnen mit dessen Gewinnung.

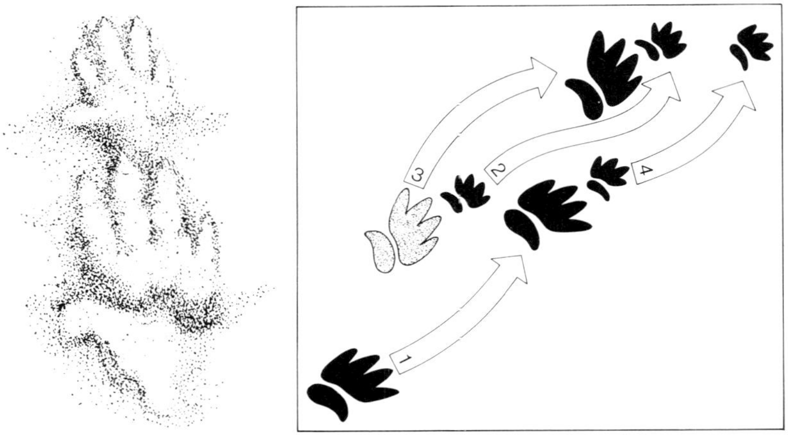

Fährte des Handtieres Chirotherium, eines unbekannten Reptils aus der Zeit des Buntsandsteins, vor 225 Jahrmillionen. Der Abdruck zeigt kleine Vorder- und große Hinterfüße. Das Tier hinterließ seine Fährte auf einer wahrscheinlich trokkengefallenen Strandebene. (Grafik Jura-Museum Eichstätt. Alle wiedergegebenen Grafiken dieses Museums sind von Renate Klein-Rödder, Senckenberg-Museum Frankfurt, gezeichnet.)

225 000 000

Mit der *Trias* (Sandstein, Muschelkalk, Keuper) beginnt die älteste Formation des Erdmittelalters (Mesozoikum). Im mitteldeutschen Raum wechseln mehrfach Land und Meer. Es bilden sich sehr unterschiedliche Sedimentgesteine (Ablagerungen). Südlich der Vindelicischen Schwelle brandet das alpine Triasmeer. Nördlich der germanischen Trias ist eine lithologische (gesteinbildende) Dreigliederung erkennbar. Der unteren Trias gehören rote Sandsteine an, die als Buntsandstein bekannt sind. Ihre dünenartigen Ablagerungen rühren von einem ariden (wüstenartigen) Klima her, bei dem die Verdunstung stärker ist als der Niederschlag. Die rote Farbe bewirken Eisenoxydüberzüge, wie sie im Wüstenklima entstehen können.

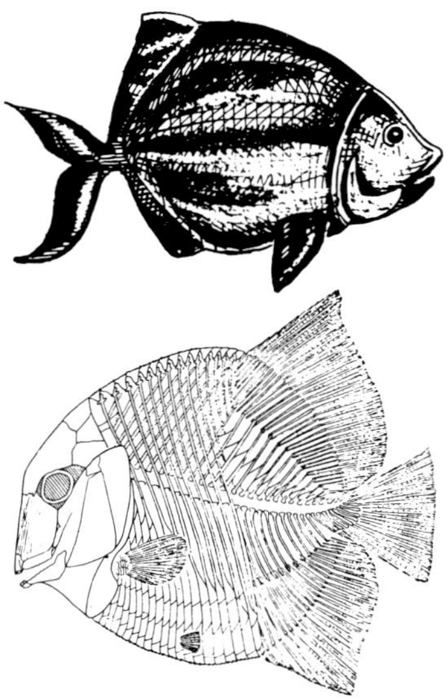

Karpfenähnliche Fische aus der großen Familie der Ganoiden sind von Devon bis Kreide über 250 Millionen Jahre nachgewiesen. Oben Lebensbild des Platysomus, unten Profilschnitt des Gyronchus, beide Schmelzschupper sind im Solnhofener Plattenkalk überliefert.

Fauna und Flora zur Triaszeit: Die Perm-Triasgrenze weist einen bedeutenden Faunenwechsel auf. Zahlreiche Formen des Erdaltertums sterben aus, neue erscheinen. Die Tetrakorallen verschwinden, Hexakorallen stellen riffbildende Formen. Unter den Cephalopoden (Kopffüßlern) bilden die *Ammoniten* die artenreichste Gruppe. Am Ende der Trias sterben alle Ammoniten bis auf Phylloceras aus, das zur Stammform der Jura-Kreide-Ammoniten wird. Die strahlenförmigen Crinoiden, die mit einem Stiel am Grund festgeheftet leben, und die langarmigen Ophiuren sind verbreitet. Unter den Fischen herrschen die Knochenfische vor. Die *Amphibien* sind Nachzügler der vorangegangenen Blütezeit im Perm. Die *Reptilien* gelangen zu mannigfacher Entwicklung. Manche sind in den Landablagerungen der germanischen Trias nur durch Fährtenabdrücke bekannt, wie Chirotherium, das wegen der Fährtenform »Handtier« genannt wird. Es bewegte sich ähnlich dem Känguruh und

entsprach diesem auch in der Größe. Die Schildkröten sind den heutigen Formen ähnlich. Aus kleinen, wandlungsfähigen Reptilien (Therapsiden) entwikkeln sich zum Ende der Trias die ersten Säugetiere.
Die Flora besteht aus Farnen, Schachtelhalmen und Bärlappgewächsen. Palmfarne erscheinen als Neuentwicklung.

Die *alpine Trias:* Ablagerungen einer Ceosynklinale (Senkungstrog) werden nach dem Auffüllen des Trogs zu den jungen eurasiatischen Gebirgszügen gefaltet und gehoben. Die basalen Schichten (Ergußgesteine) der alpinen Trias sind im Westen auch noch Buntsandstein, der nach Osten in die marinen Werfener Schichten (Tonschiefer und Sandsteine) übergeht und diese schließlich in das salzführende Haselgebirge von Bad Reichenhall und Berchtesgaden. Darüber setzt in der Mitteltrias eine kalkig-dolomitische Sedimentation ein; es sind die Reichenhaller und Gutensteiner Schichten sowie alpiner Muschelkalk, der mit dem Muschelkalk der Germanischen Trias nicht identisch ist.

Wichtigstes Gestein der höheren Mitteltrias ist der *Wettersteinkalk*. Das mächtige, helle Kalkgestein ist ein Riffsediment, an dessen Entstehung Kalkalgen beteiligt waren. Der Wettersteinkalk ist felsbildend. Aus diesem Material bestehen unter anderem das Wettersteingebirge, das Zugspitzmassiv, Wendelstein, Kampenwand, Wilder und Zahmer Kaiser, Rauschberg und Hochstaufen. Nach Ablagerung des Wettersteinkalks verflacht das Meer, mit beginnender Obertrias werden die küstennahen, geringmächtigen *Raiblerschichten* (Rauhwacken, Dolomite, Tonschiefer, Sandsteine) gebildet.

Über den Raiblerschichten liegt die mächtige *Dolomit*folge. Der Hauptdolomit bildet die Masse der nördlichen Kalkalpen, infolge seiner Anfälligkeit für Verwitterung fehlen hochalpine Formen. Sie treten erst wieder in jenen Kalkgesteinen auf, die die alpine Obertrias abschließen. Die *Rätkalke* sind ehemalige Korallenriffe der strauchförmig wachsenden Thecosmilie. Nach Osten geht der Rätkalk in den mächtigen, gebankten *Dachsteinkalk* über, der die Plateaus von Lattengebirge, Reiteralpe, Untersberg, Steinernem Meer, Tennengebirge und Dachsteinmassiv aufbaut.

Der zur Zeit der Obertrias gebildete *Dolomit* ist ein magnesiumhaltiges, karbonatisches Gestein (CaCo3, Mg Co3), das im Unterschied zu dem verwandten Kalk nur in erwärmter Salzsäure aufschäumt. Dolomit ist im Nordalpenraum gebirgsbildend.

Das Klima ist anfangs warm und trocken und wird gegen Ende der Periode (Keuper, 190 Jahrmillionen) feuchter. Die Reptilien haben das Land erobert, dazu zählen Panzerlurche, Miosaurus, Nothosaurus. Zu den Fischen gehören Schmelzschupper und Haie. Es bilden sich die Urformen der Warmblütler (Säugetiere) aus. Auch die Insekten (Käfer, Schmetterlinge, Heuschrekken, Libellen, Bienen, Hummeln, Fliegen) sind weitverbreitet. Libellen erreichen 30 cm Flügelspannweite. Aus Muscheln, Seesternen, Seelilien, einer Vielzahl von Krebsarten und deren Sedimenten baut sich unter Wasser der *Muschelkalk* auf.

Zeit der *Ammoniten*, die mit den Belemniten zu den Kopffüßlern (Cephalopoden) zählen. Die zu einer Spirale geformten Schalen besitzen luftgefüllte Kammern, die im Meer die schwebende Fortbewegung ermöglichen. Größte Verbreitung im Jura. Vor dem Aussterben, Ende der Kreidezeit, treten Riesenformen mit feiner Spiralbildung als Degenerationserscheinung auf.

Die variscische Gebirgsbildung ist abgeschlossen. Die zwischen dem französischen Zentralmassiv und den Sudeten sich erhebende Faltungszone tritt heute in der Münchberger Gneismasse bei Hof noch am stärksten hervor. »Es ist daher entsprechend, daß in dem Lande der Varisker, dem Vogtlande, der Name des die meisten Horste umfassenden Gebirges gewählt wurde, und es wird dasselbe nach der Curia Variscorum (Hof/Saale) das variscische Gebirge genannt wer-

Die Kopffüßler, Ammoniten (Schneckengehäuse) und Bellemniten entwickeln zu Beginn des Erdmittelalters 400 Arten und sterben Ende des Mesozoikums aus.

den«. So lautet die Begründung, mit der im Jahr 1888 E. Suess den geologischen Begriff wählt.

In dem Gestein der noch nicht aufgetauchten nördlichen Kalkalpen erfolgt ein Sedimentsumschwung. Unter der Zufuhr von Schlamm aus dem nördlichen Vindelicischen Festland erstikken die riffbauenden Organismen, die auf Frischwasser angewiesen sind. Die *Riffbildung* ist damit beendet. Das Meer verflacht, wird seicht und verlandet. Eine üppige Vegetation von Cycadeen- und Schachtelhalmwäldern bestimmt das Landschaftsbild. Die reiche Flora ist in versteinerten Pflanzenhäckseln überliefert. Es bilden sich unter anderem Glanzkohlenflöze, zu ihnen zählt der stillgelegte Michaelstollen unter der Hochplatte.

Die grünen *Almböden*, die später in den Alpen oasenähnlich oder als Bänder in den Hochtälern eingebettet liegen, werden von Raiblerschichten gebildet. Ein Konglomerat von Gesteinen (Tonschiefer, Kalkmergel, Sandstein und Rauhwacken) wird Jahrmillionen nach der Gesteinsbildung durch austretendes Grundwasser in Bewegung versetzt. Gipse lösen sich, es kommt zu Rutschungen und Bildung von Humusböden, die später die Nutzung für die Almwirtschaft ermöglichen.

»Der vielleicht bekannteste Vertreter der Trias ist der *Frankenwein*« (Rutte). Drei Prozent der Anbaufläche liegen auf Buntsandstein, siebzig Prozent auf Muschelkalk, fünfundzwanzig Prozent auf Keuper und zwei Prozent auf Kristallin.

220 000 000

Der *Buntsandstein* ist in Franken ein bis zu 600 Meter mächtiges kontinentales Becken. Der meist rote und weiße Sandsteinboden ist der bevorzugte Standort großer Wälder. Dazu zählt mit dem

Die Flugsaurier entwickeln sich wahrscheinlich schon vor 220 Jahrmillionen aus kletternden Vorfahren, den Thecodontiern. Ihr Gehirn war dem der Vögel von heute ähnlicher als dem des Archaeopteryx, was bedeutet, daß sie wohl bessere Flieger waren als die Urvögel. Die Rekonstruktion zeigt den Typ Rhamphorhynchoidea, der in Plattenabdrücken des Solnhofener Schiefers verbürgt ist. Das rhombische Schwanzsegel diente als Steuerruder. Die Zehen sind durch Schwimmhäute verbunden. Nahrung waren vermutlich Fische, die im Flug von der Wasseroberfläche erbeutet wurden. Die Flügelspannweite dieser Tiere erreichte bis zu zwei Meter. Riesenflugsaurier der Oberkreidezeit entwickelten fünfzehn Meter und mehr. (Rekonstruktion: Jura-Museum Eichstätt)

Lebensbild des langschwänzigen Flugsauriers Rhamphorhynchus über der Lagune von Solnhofen. (Zeichnung J. Walther, »Das deutsche Landschaftsbild im Wandel der Zeiten«.)

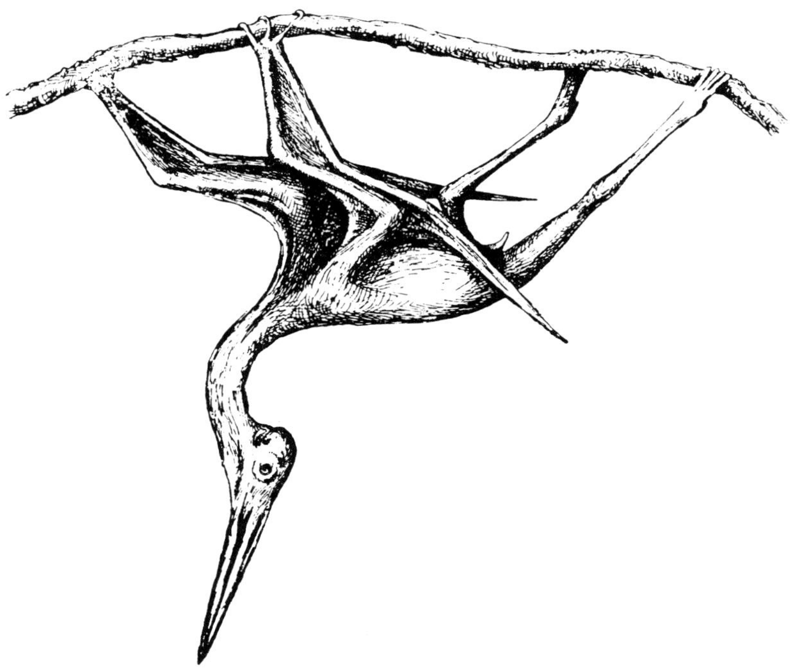

Flugsaurier in Ruhestellung. Die zunächst kleine und nur amselgroße Art der Pterodactylus zählt nach den Funden in Solnhofen zum häufigen Erscheinungsbild an der Wende von Jura- und Kreidezeit (nachgewiesen in einem Fund in Schernfeld bei Eichstätt). (Nach O. Abel, 1925)

Buntsandsteinspessart das heute größte geschlossene Waldrevier in Deutschland. Auf den kieselsäurehaltigen Böden entwickelt sich auch eine eigenständige Flora mit Besenginster, Heidelbeere und Pfeifengras. Das verwitterte Gestein liefert einen mäßigen Boden, wird jedoch als Baustoff geschätzt. Der Kronacher Bausandstein ist in Münchner Bauten repräsentiert. Das Aschaffenburger Schloß, die Klosterkirche von Amorbach, Schloß Herrenchiemsee und das Niederwalddenkmal sind aus Sandstein erbaut. Auf Mittlerem Buntsandsteinboden gedeiht der Rotwein des Spessart-Maintals.

Das *Muschelkalkmeer* breitet sich vom Böhmischen Grundgebirge bis zur Iller und zum Bodensee aus. Grenze ist das Vindelicische Festland. Die Ablagerungen bildet vor allem tonhaltiger Kalk, der mit einer Mächtigkeit bis zu 250 Meter das Muschelkalkgestein in Unterfranken und im Taubertal bildet.
Im Muschelkalk sind vielfach Schwimmsaurier nachzuweisen, darunter der Typ Pachypleurosaurus, der sonst nur aus dem Tessin bekannt ist. Am Bindlacher Berg bei Bayreuth konnten vollständige Körperformen nachgewiesen werden.

215 000 000

Der *Wellenkalk*, ein Muschelkalk, der nach den Wellenfurchen seiner Schichtflächen benannt ist, bildet sich. Er ist ent-

Der Rudersaurier (Plesiosaurus) ist ein die Küsten bewohnendes Reptil mit langem Hals und Ruderbeinen, das sich auch an Land bewegen kann. Ein Kieferbruchstück des bis zu 3,50 m langen Amphibientiers ist aus dem Rätkalk von Kössen bei Reit i. W. bekannt. (Zeichnung Johann Walther, »Das deutsche Landschaftsbild im Wandel der Zeiten«.)

weder unter Wasser (subaquatisch) bei Rutschungen gefältelt oder durch Wellenbewegung zickzackartig in Lamellen (Sigmoidalklüftung) geformt worden. Er bildet den Sockel der Feste Marienberg in Würzburg, die Wände des Klettergartens bei Karlstadt/Gambach und bewirkt die gleichmäßige Formung der fränkischen Skihänge über Haselbach und am Arnsberg. Seiner Zusammensetzung wegen (siebzig Prozent Karbonat und dreißig Prozent Ton) ist er als Zement-Rohstoff gefragt. Die Kalkart ist ein sicherer Wasserspender, das Wasser jedoch hart und teilweise als Trinkwasser nicht tauglich. In Südlagen ist Wellenkalk ein guter Rebgrund (nach Rutte).

Der *Quaderkalk* bildet sich aus Schill, einer Anhäufung von vollständigen und zerbrochenen Schalen und anderen Organismen in der Peripherie des fränkischen Triasmeers. Ursache sind Meeresströmungen, die über einer Untiefe die Anschwemmung und Häufung im Muschelkalkmeer (bei Rothenburg o. T.) besorgen. Die Kalkart ist besonders witterungsbeständig und zeigt auch gegenüber Abgasen keine Zerfallserscheinungen. Viele Brücken sind in München aus Quaderkalk erbaut, Hauptmuschelkalkboden bildet die Grundlage für den fränkischen Steinwein.

210 000 000

Lettenkeuper (Unterer Keuper) tritt von der Fränkischen Saale bis Rothenburg o. T. auf. Die tiefgründigen lockeren Sandböden bringen in Bayern die höchsten landwirtschaftlichen Erträge, dazu zählt die Gäufläche als unterfränkische Kornkammer. Als Werksandstein ist er in der Bildhauerei gefragt. Riemenschneider schafft aus diesem Ma-

Der Urkontinent reißt auseinander. Die Erdteile driften und verändern sich nach der Kontinentalverschiebungstheorie. Es bilden sich zwei Superkontinente: Laurasia auf der nördlichen und Gondwana auf der südlichen Erdkugel, die sich in Form und Position bis zum heutigen Erscheinungsbild der Kontinente verändern.

Schnabelfisch (Aspidorhynchus acutirostris), vor ca. 140 Jahrmillionen, Versteinerung. (Jura-Museum Eichstätt)

Kugel- oder Mondfisch, vor ca. 140 Jahrmillionen, Versteinerung aus dem Jura. (Jura-Museum Eichstätt)

Pfeilschwanz (Mesolimulus walchi), Versteinerung aus dem Jura. (Jura-Museum Eichstätt)

Die Alpenbildung ist vor zwanzig Millionen Jahren abgeschlossen. Die Gipfel- und Kammprofile sind ausgebildet. Die Bergsilhouette verändert sich am bayerischen Nordalpenrand nur noch unwesentlich durch Abtragung (zu Seite 45, Foto: Kurt Schubert).

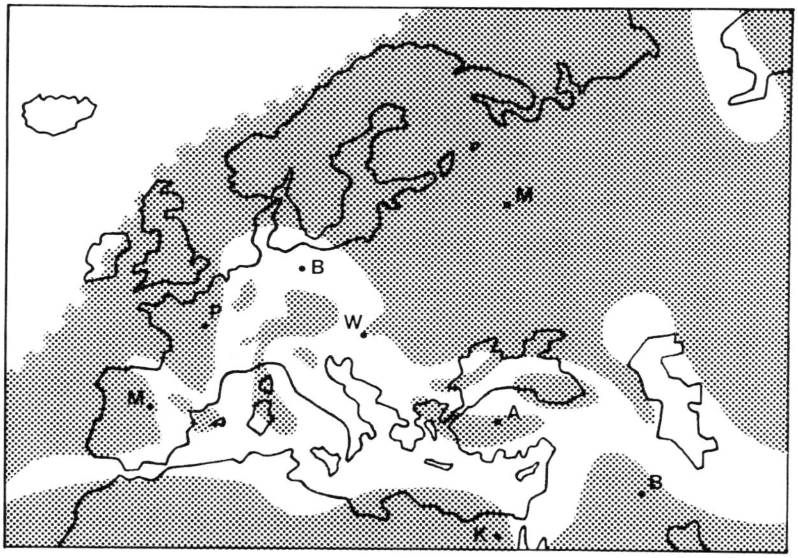

Land und Meer in der Triaszeit vor 200 Jahrmillionen.

terial Hauptwerke in Veitshöchheim. Alle Arbeiten aus diesem Keupersandstein sind im Industriezeitalter durch Abgase stark gefährdet.

200 000 000

Der Alpenraum ist noch weitgehend in einem Binnenmeer untergetaucht.

Die Kontinente bilden einen großen Block, Pangaea genannt, der in der Folgezeit zerrissen wird und sich aufspaltet. Die Erdteile driften auseinander, alte tauchen unter, es bilden sich Meeresgräben, die Kontinente gewinnen Formen. Der deutsche Wissenschaftler Alfred L. Wegener begründet 1912 seine Kontinentalverschiebungstheorie, die noch immer nicht widerlegt ist.

Aus dem angenommenen Festlandsblock *Pangaea* bilden sich zwei Superkontinente: Laurasia auf der nördlichen und Gondwana auf der südlichen Erdhälfte

Die Nadelbäume erscheinen.

In den warmen Meeren der Trias leben Korallen, Muscheln, Frühformen der Ammoniten sowie Fische. Es ist die Zeit der Algen, die Kalk aufbauen, der später bei der Gebirgsbildung am Nordalpenrand als mächtiges Felsgestein aufgefaltet wird. Die große Zeit der Seelandtiere (Amphibien) ist vorbei. Reptilien stehen am Anfang ihrer Entwicklung. Erstmals gibt es *Saurier*, riesengroße Raubtiere oder Pflanzen-

Die ersten Saurier erscheinen.

fresser, deren Hauptfutterstoffe Schachtelhalme und Riesenfarne bilden. Mehr als hundert Jahrmillionen beherrschen die Riesentiere die Erde. Einen Größengegensatz bilden die ersten Säugetiere, gerade mausgroße Insektenfresser.

Die ersten Säugetiere erscheinen.

In der Obertrias erscheint die *Megalodus*, eine dickschalige Muschel, deren Schalenschnitte ausgewittert herzförmig als Felsoberfläche überliefert sind. Der

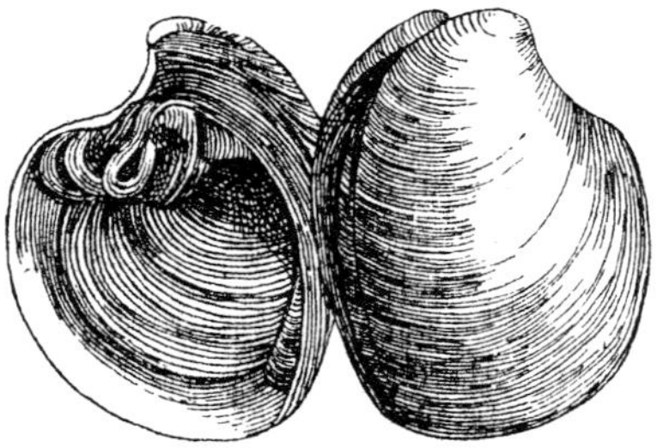

Megalodus, die vom Volksmund »Kuhtritt« oder Hirschtritt genannte Muschel, erscheint.

Volksmund nennt sie »Kuh«- oder »Hirschtritte«.

Die mittlere Trias bildet der Muschelkalk: gut gebankte und örtlich fossilreiche graugrüne Kalke eines Flachmeeres. In der oberen Trias, dem Keuper, überwiegen terrestrische (auf der Erde entstandene) sandig-tonige Ablagerungen, die etwa dem Charakter einer Halbwüste entsprechen.

Das *Lattengebirge* des Berchtesgadener Landes ragt als Insel aus dem Jurameer, es wird Ende der Kreidezeit (70 Jahrmillionen) vom Gosaumeer überflutet.

In den Lagunen des Muschelkalkmeeres bildet sich der Mittlere *Keuper* aus Tonsteinen und Sandschüttungen. Hauptvorbereitungsgebiet ist Mittelfranken als »Keuperland«.
In dem tropisch-feuchten Klima sind im *Rätsandstein* vielfältige Pflanzen aus der fränkischen Schichtstufenlandschaft überliefert. Das älteste Laubblatt ist nach Sassendorf »Sassendorfites benkerti« benannt. Die gelbbraune Farbe des Rätsandsteins bestimmt die oberfränkischen Dorfbilder. Schilfsandstein liefert das Material für fränkische Bauwerke, darunter Vierzehnheiligen und Schloß Banz. Coburger Sandstein wird beim Bau des Bamberger Doms verwendet.

Der fossilreiche und in seiner Farbenvielfalt herausragende Keuper bildet die »Hauptformation Frankens«.
Der Süßwasserkrebs Triops cancriformis minor ist in *Koppenwind* im Steigerwald in mehreren hundert Exemplaren belegt. Der Plattfüßler erreicht einen Zentimeter Schalendurchmesser und gilt als das Lebewesen, das sich in der Erdgeschichte am längsten behauptet. »Die Keuperform bildet weitaus das auffallendste Beispiel des bisher in den verschiedensten Gruppen der lebenden Wesen gelegentlich einmal auftretenden beharrlichen Festhaltens an uralten Formen durch gewaltige Zeiträume« (M. Schmidt). Der *Krebs* erscheint über einen Zeitraum von zweihundert Millionen Jahren.

195 000 000

Im Erdmittelalter bilden sich die Muttergesteine, die später jene *Erdgas-* und Erdölvorkommen einschließen, die im süddeutschen Molassebecken seit 1954 gefördert werden. Bis 1980 werden in Bayern 4,5 Millionen Tonnen Erdöl und 15,5 Milliarden Kubikmeter Erdgas und Erdölgas gefördert.

190 000 000

Im frühen Erdmittelalter (Obertrias) erfährt das im Wasser ab-

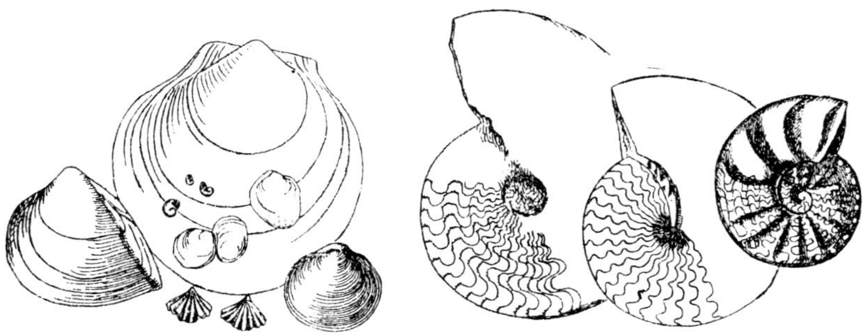

Muscheln, Schnecken und andere Wirbellose treten zahl- und formenreich auf.

Reiche Flora mit baumgroßen Cycadeen, Palmfarnen.

gelagerte Sediment(Schicht)gestein eine Veränderung. Das Meer verlandet. Die Korallenriffe brechen ab und werden unter Schlamm begraben. Auf diesem Boden bildet sich eine reiche Flora mit baumgroßen Cycadeen (Palmfarne).

Im *Jura*, benannt nach dem mitteldeutschen Gebirge, weitet sich das Meer in Europa aus und erreicht im Malm die größte Ausdehnung. Die böhmische Masse bleibt Festland. Eine reiche marine Fauna belebt das Bild, Saurier vieler Arten und Ammoniten sind Leitfossilien. Mit dem *Archaeopteryx* erscheint der Urvogel. Die Flora wird durch eine Vielzahl von Laubbäumen bereichert. Die alpine Gebirgsbildung setzt ein, die Kordilleren werden aufgefaltet. Im Malm (vor 150 Jahrmillionen) wird die Vindelicische Schwelle überflutet, das mitteleuropäische Meer verbindet sich mit dem alpinen Meer. Ähnlich wie in der Trias sind auch im Jura die Ablagerungen nördlich und südlich der Vindelicischen Schwelle verschieden. Der schwäbisch-fränkische Jura ist deutlich dreigegliedert in den Schwarzen Jura (= Lias), den Braunen Jura (= Dogger) und den Weißen Jura (= Malm). Diese Gliederung beruht auf der Gesteinsfarbe, wobei die Lokalität Holzmaden weltberühmt wurde. Aus den stark bituminösen Schiefern konnten die schönsten Ichthyosaurierskelette herauspräpariert werden. Der sandige Dogger verdankt seine Farbe den Eisenerzkügelchen, die stellenweise so gehäuft auftreten, daß Eisenbergbau möglich wurde. Diese Colithe verwittern zu braunem Eisenhydroxyd (Limonit), das dem Gestein die braune Farbe gibt. Im Weißen Jura kommen helle Kalke und Dolomite zur Ablagerung. Es sind Riffe, an deren Aufbau

Kopf des Urvogels Archaeopteryx, Fundort Eichstätt. (Zeichnung nach G. Heilmann, Abel Lebensbilder, 1922)

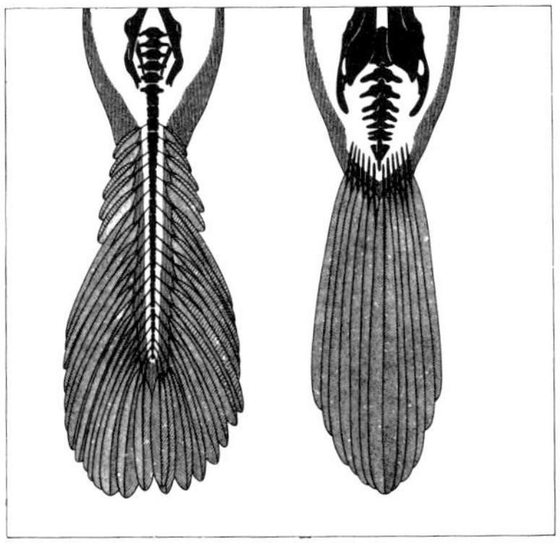

Schwanz eines Archaeopteryx (oben) und eines Vogels von heute. Flügel eines Archaeopteryx (unten) und eines Vogels von heute. (Zeichnungen: Jura-Museum Eichstätt)

Der Urvogel Archaeopteryx lithographica (griech. = uralte Feder) erscheint als Bindeglied zwischen Reptilien und Vögeln vor 170 Jahrmillionen im Malm, einem Zeitabschnitt des Jura. Er hat die Größe eines Rebhuhns, besitzt mit Zähnen, Knochenbau und Schwanz die Merkmale des Reptils und mit Federn, Flügeln und Gabelbein die des Vogels. Alle Funde stammen aus der Fränkischen Alb und sind durch Abdrücke im Solnhofener Schiefer überliefert. (Nach Rutte)

Kurzschwänziger Flugsaurier (Pterodactylus), ein der Fledermaus verwandtes Reptil. Im Jura erreicht es vor 160 Jahrmillionen unterschiedliche Größen zwischen Sperling und Habicht. Schwimmhäute an den Hinterfüßen ermöglichen ihm auch die Fortbewegung im Wasser. (Nach Rutte)

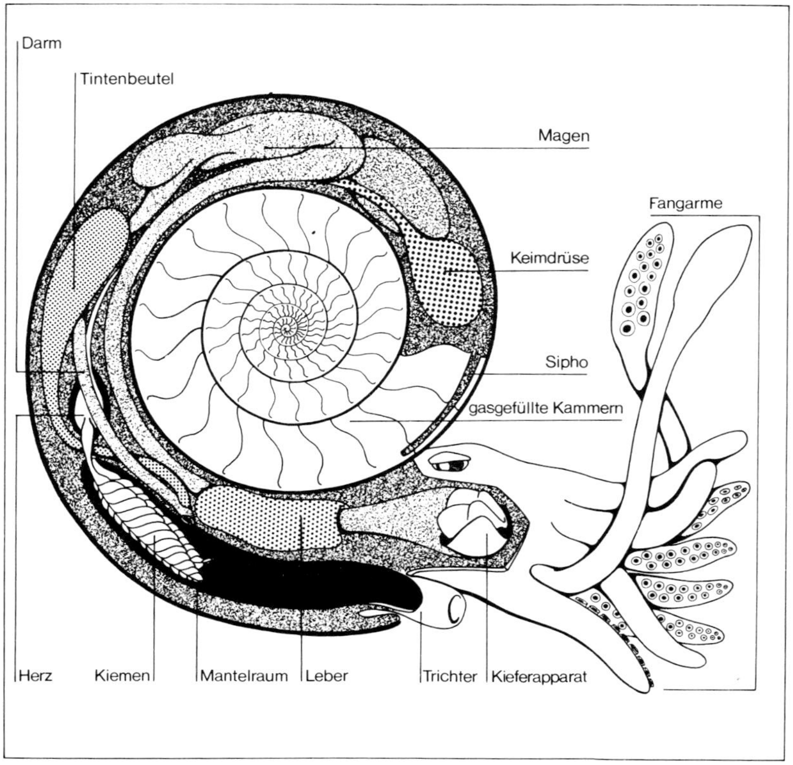

Schema eines Ammoniten mit Weichkörper. Die von Devon (395 Jahrmillionen) bis Oberkreide (65 Jahrmillionen) heraufreichenden Kopffüßler sind Leitfossilien. Im Gegensatz zu Schnecken ist ihr schraubenförmiges Spiralgehäuse gekammert und als Schwimmkörper luftgefüllt. Nur der halbe bis ganz letzte Umgang dient als Wohnkammer und beherbergt den Weichkörper. (Rekonstruktion: Jura-Museum)

Kalkschwämme beteiligt waren. Dazwischen setzt sich eine feine Schlammtruhe ab, die in *Solnhofen*, begünstigt durch Ebbe und Flut, eine einzigartig reichhaltige Fauna konserviert hat. Während der Ebbe zog sich das Meer zurück, die am Strand verbliebenen Tiere (oft ganze Fischschwärme u. a. m.) kamen um und wurden bei einbrechender Flut mit Schlamm überdeckt und konserviert. Durch Ammoniten läßt sich der schwäbisch-fränkische Jura in zahlreiche Stufen gliedern. Diese schöne lithologische Gesteinsfolge gibt es im alpinen Jura nicht. Die beginnende *Alpenunruhe* zeichnet durch lokale Hebungen und Senkungen den nachfolgenden Mulden- und Sattelbau vor. Es entsteht ein reichgegliedertes Meeresbodenrelief mit mannigfachen Lebens- und Sedimentationsräumen. Rote Kalke im Lias und Dogger enthalten die Reste gewaltiger Seelilienwälder. Graue Fleckenmergel sind Schlammablagerungen eines seichten Meeres, oft von Würmern durchwühlt. Weitverbreitet sind Hornsteinkalke. Im alpinen Oberjura sind die Aptychenschichten verbreitet, graugrüne und rote Mergel, feingeschichtet. Häufigstes Fossil bilden die *Aptychen*, Deckel von Ammonitengehäusen, ähnlich den Deckeln unserer Weinbergschnecken. Die Aptychenschichten gehen nahtlos in die grauen Mergel der Unterkreide über.

Das Meer weicht aus dem Landschaftsraum zurück, den heute die Nordalpen bilden. Das Gebiet des Berchtesgadener Landes wird Festland. Das Klima entspricht dem der Südsee von heute.

180 000 000

Die meisten *Saurier* sind in dem nach einer Muschelgattung benannten Posidonienschiefer im *Lias* Epsilon überliefert. Holzmaden und Bad Boll, Banz und Altdorf sind Fundstellen der langgeschwänzten Ichthyosaurier. Die den Delphinen ähnlichen marinen Reptilien waren lebendgebärend und erreichten Längen von mehr als zehn Meter. Das Ichthyosaurus-Auge aus dem Raritätenkabinett von Schloß Banz hat einen Durchmesser von 1,20 Meter.
Die Tonböden der Lias-Gesteine in Franken mit ihrem reichen

Die Fischsaurier (Ichthyosaurier) bilden unter den Meeresbewohnern des Erdmittelalters eine Großfamilie, die über einen Zeitraum von mehr als 100 Millionen Jahren lebt.

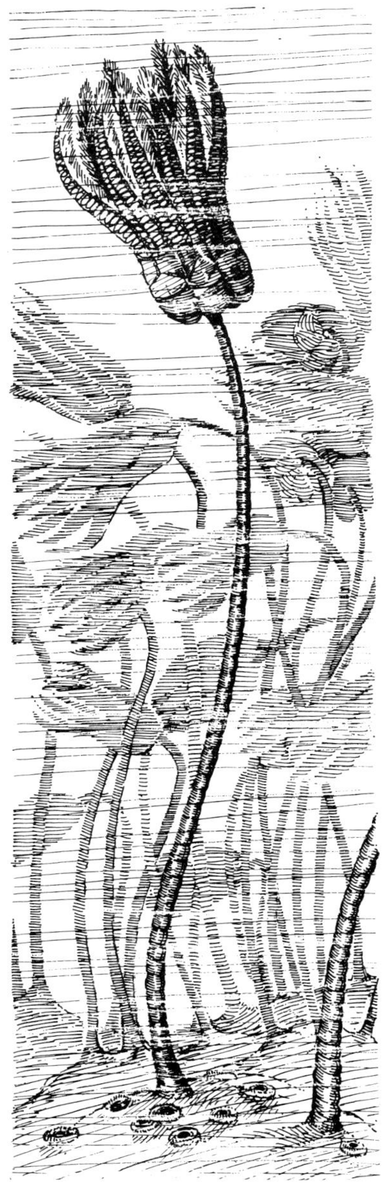

Seelilien (Encrinus liliiformis) bilden auf dem Boden des Jurameeres Wälder. Was als Blume erscheint, ist ein Tier, dessen Krone mit Fangarmen ausgebildet ist. Die Stielglieder sind im Muschelkalk als »Bonifatiuspfennige« überliefert.

Kaliumgehalt sind für den Anbau von Kraut besonders gut geeignet.

160 000 000

Das Vindelicische Land wird von der Böhmischen Masse durch die Regensburger Straße getrennt, während sich der Freisinger Golf erweitert. Im nördlichen Bayern tritt die Linie Nürnberg-Bayreuth »als Faziesscheide zwischen Becken- und Randausbildung (wieder) in Erscheinung« (Rutte).
Die Gesteine des *Dogger* bauen auf Ton, Sandstein und Mergelkalken auf. Die Farben sind grau bis gelbgrau. Vorherrschend ist mit vierzig Prozent der Opalinuston, der bei Wasseraufnahme bereits bei drei Grad Gefälle zu flächengroßen Hangrutschen führt. Das Vorhaben Karls des Großen um 800, Donau und Main durch einen Kanal (Fossa Carolina) zu verbinden, scheiterte nicht zuletzt an den Hangrutschen der Schiefertone und Mergel im Treuchtlinger Graben.

Das Molassebecken des heutigen Alpenvorlands ist noch überflutet. Abgelagerte Kalke und Dolomite des Weißen Jura oder Malm bilden auf dem Grunde eine bis über 300 Meter dicke Kalkplatte. Diese überflutet im südöstlichen Bayern die Kreide und das mehr als 4000 Meter mächtige Tertiär, das die eigentliche Füllung des Molassebekkens bildet.

Im Zeitalter des Mesozoikums (mittl. Abschnitt der Erdfrühzeit) wölbt sich ab Mitte Dogger (Schichtfolge der Juraformation) die Mitteldeutsche Hauptschwelle heraus. Das Jurameer wird in Höhe des Thüringer Waldes in ein Nord- und ein Südmeer geteilt. Der älteste terrestrische (festländische) Teil *Bayerns* entsteht.

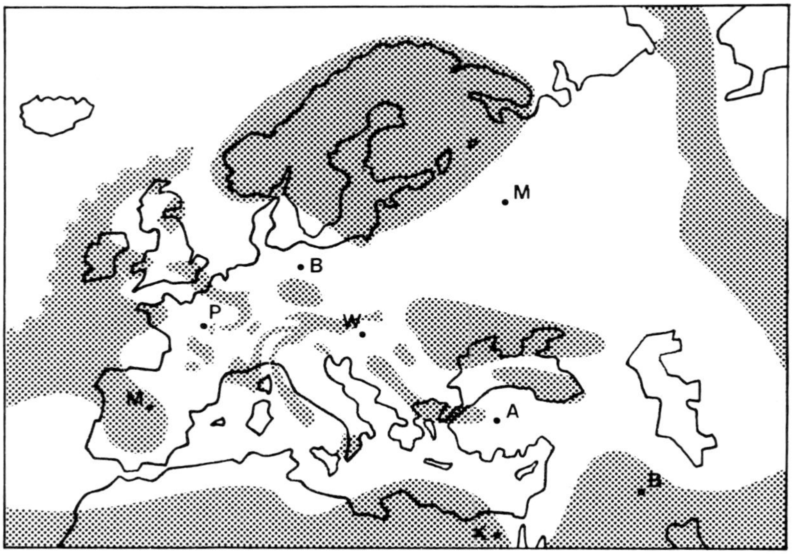

Land und Meer zur Jurazeit, vor 150 Jahrmillionen.

Der Kalk des *Dogger* weist in den Alpen einen starken Kieselgehalt auf, der den Stein härtet. Es kommt wie bei Hornsteinkalken zu Felsbildungen. Typisch ist die dunkelgraue Färbung des Gesteins. Die Laubensteinkalke im Hochriesgebiet sind wie die Doggerspatkalke fossilreich. Anstelle von Kalkbänken erscheinen hier Lagen, die aus Brachiopoden (Armfüßlern) und den Schalenrändern der Rhynchonellen bestehen. Die über dem Inntal aufragenden schroffen Felsen am Feichteck und Karkopf, Höllwand und »Gretl am Backofen« am Heuberg sind Doggerkalkgebilde. Die Hartteile der einst im Wasser lebenden Tiere sind als Ablagerungen hier felsbildend.

150 000 000

Der bunte Tegernseeer und der rotfarbene Ruhpoldinger *Marmor* sind Malmkalke. Als Zerreibsel von Organismenresten bilden sie Riffe. Ammoniten, Stachelhäuter, Brachiopoden und Korallen sind fossil vertreten. Der Fußboden der Kelheimer Befreiungshalle erhält seine Wirkung aus dem rotgrau-gelben Farbenspiel des Tegernseer Marmors.

Rhön und *Spessart* sind endgültig landfest. Das Meer weicht später aus Bayern in das Senkungszentrum der Südwestschweiz zurück. Die Entwicklung setzt im Osten ein, wo der Meeresboden zuerst gehoben wird. Der Raum Regensburg taucht vor Kelheim und Neuburg/Donau auf.

Die Massenkalke entstehen als fossilarmes gebanktes Gestein. Dazu zählen die Felsbildungen im Altmühltal bei Essing und die der Weltenburger Enge. In der Frankenalb setzen die Schüsselfüllungen ein, der Solnhofener Schiefer bildet sich. Die weißgrau angewitterten Platten des Legschieferdaches am Altmühlhaus sind geologische Zeugnisse aus dem *Malm*.

Kelheimer Kalk wird von König Ludwig I. bevorzugt als Baustein eingesetzt. Die Befreiungshalle, Walhalla, Propyläen und Feldherrnhalle in München sind aus ihm erbaut.

Im mittleren Jura (Dogger) erscheinen die Radiolarien, einzellige Tiere mit kugelförmigen Kieselskeletten. Aus deren Schlick bildet sich *Radiolarit*, hornartiges Kieselgestein, das in den Oberalmer Schichten des Roßfelds, in der Wimbachklamm sowie im Inntal anzutreffen ist.

140 000 000

Die Kernzone der *Alpen* nimmt Ende Oberkreide mit der Kretazischen Stammfaltung Gestalt an.

136 000 000

Die *Kreidezeit*, letzte Formation des Erdmittelalters (Mesozoikum) verdankt ihren Namen weißen feinkörnigen Kalken, die sich aus Schlick gebildet haben (Foraminiferen). Erstmals erscheinen höhere Blütenpflanzen, die *Bedecktsamer* entwickeln sich. In den siebzig Jahrmillionen erleben die Saurier ihren Höhepunkt und sterben am Ende der Kreidezeit spontan aus, ebenso Ammoniten und Belemniten (Kopffüßler). Für das Kreidemeer sind dickschalige Schnekken (Aktaeonellen und Nerineen) sowie Korallen, Seeigel und dezimetergroße Muscheln (Inoceramen) mit prismenartiger Schalenform charakteristisch. Es ist die Zeit der Laubbäume. Die alpidische Faltung beginnt, die Anden tauchen auf, das Festland von heute gewinnt Gestalt. Als Rohstoff wird kreidezeitlicher Mergel mit hohem Kalkgehalt in Kiefersfelden zur Zementherstellung gewonnen. *Untersberger Marmor* und Gosauschichten treten im Berchtesgadener Land, bei Reit im Winkl und im Unter-Inntal auf. Einzigartig ist das Krönner-Riff am Lattenberg bei Bayrisch-Gmein, aus Rudisten und Schnecken aufgebaut.

Es erfolgt die erste *Gebirgsfaltung* im heutigen Alpenraum. Tethys, das Urmeer, weicht zurück. Teile des heutigen Alpenraums werden Festland und tauchen wieder unter, bis durch Druck aus dem Süden die erste Faltung der Gesteinsmassen bewirkt wird. Später dringt das Gosaumeer in den alpinen Raum ein. Ablagerungen finden sich im Becken von Gosau und im Reichenhaller Kessel, hier mehr als hundert Meter mächtig. Die mergeligen und sandigen Gesteine tragen später zur Almbildung bei.

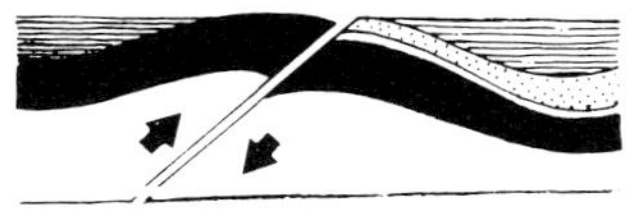

Der Aufstieg der Alpen beginnt mit einer Bewegung (Heben und Senken) des Meeresbodens.

Die in Jahrmillionen in den Meerestrog abgesunkenen Sedimente erfahren bei der Alpenbildung durch Faltung immer wieder eine Lageverschiebung. Hinzu kommt ein Preßvorgang durch Engpässe. Sediment wird zu Gestein (Diagenese). Aus Gestein wird kristalliner Schiefer (Metamorphose). Da das Gestein unterschiedliche Festigkeit besitzt, kommt es zu Überschiebungen.

Die Bildung der Kalkalpen beginnt durch eine trogartige Absenkung der Erdrinde (Geosynklinale). Darin häufen sich ins Wasser absinkende Sedimente zu Schichtgestein. Der Aufbau bewirkt mit die Gebirgsbildung (Orogenese), die durch eine Bewegung des Magma sowie Gewichtsverlagerungen im Bereich der Erdrinde erfolgt.
Die Alpen bilden vorerst ein Mittelgebirge.

Die Saurier erleben ihren Höhepunkt und entwickeln extravagante Formen wie den Stegosaurier.

Der Bayerische Wald, der bereits vor 530 Jahrmillionen, zu Beginn des Erdaltertums, als Teil des Alten Gebirges erfaßbar ist, erhält durch die Bewegung im Alpenraum seine letzte Veränderung im Erscheinungsbild. Charakteristisch die aus Magma gebildeten Granitblöcke am Lusengipfel (1370 m). Auch die ihn umlagernden Blockmeere sind gleichen Ursprungs und halten der Verwitterung stand, während die nichtkristallinen Schiefer des Grundgebirges im Lauf der Jahrmillionen abgetragen sind.

Die Quarzmauer des Bayerischen Pfahls ragt aus dem Pfahlschiefer und anderem, weicherem, abgetragenem Gestein auf. Die Bruchzone reicht 150 km weit von der Oberpfalz bis über Freyung in Niederbayern hinaus. (Hans Bleibrunner: Niederbayern, 1980)

Das ostbayerische Grundgebirge ist bereits gehoben. Es erfährt durch Bewegungen der Erde eine Veränderung. Der Gebirgsstock wird aufgebrochen. Der Bayerische Wald und der Schwarzwald erscheinen in ihren heutigen Ausdehnungen.

110 000 000

Schrattenkalk bildet im Allgäu häufig Gipfel, darunter den Grünten (1733 m) und den Hohen Ifen (2223 m) sowie westlich von Oberstdorf ein Felsband und das Gottesackerplateau. Sein Vorkommen reicht nach Osten bis zu den Schlierseer Bergen.

100 000 000

Das *Jurameer* ist aus Nordbayern zurückgewichen, die Landschaft wird Teil des mitteleuropäischen Festlands. Eine Neigung nach Süden bewirkt eine Ablagerung in Richtung Alpines Kreidemeer. Südostbayern bildet ein Meer, dessen Ausläufer bis in den Freisinger Golf reichen. Ein Meeresarm dringt durch die Regensburger Pforte bis in die Höhe von Coburg vor. Die Absenkung des Meeresbodens bewirkt insbesondere im Freisinger Golf und im Donauraum mächtige Gesteinslagen, die bei Passau mit tausend Meter Kreide die größte Stärke erreichen. An der Entwicklung haben die Meeresbrandung (Abrasion) und die Sinkstoffe des in Landgebiete vordringenden Meeres gleichermaßen Anteil.

Der Pfahl bei Viechtach. Das Erscheinen des 150 km langen Quarzgangs führt auf die Alpenbildung vor rund 100 Millionen Jahren zurück. Die Auffaltung bewirkt eine Bewegung im Urgebirge der Böhmischen Masse. Dabei kommt es zu tektonischen Brüchen und Störungslinien. Die längste und auffallendste ist der Pfahl, er durchzieht auf 140 km Länge den Bayerischen Wald, den er in den nördlichen und südlichen Teil trennt. Im Bild die riffartige Auswitterung mit der Ostmarkstraße im Hintergrund.

Die vom Volksmund ihrer Form wegen »Kuhhörner« (Hippuriten) genannten Muscheln bilden im Gosaumeer des Berchtesgadener Landes Riffe. Die kreisel-

Kuhhörner nennt der Volksmund die Hippuriten. Die am Meeresboden festgewachsene Muschel erscheint in der Kreidezeit u. a. im Gosau-Meer des Berchtesgadener Landes.

förmig, stark gerippten Schalen erreichen bis zu einem Meter Höhe und sind mit ihrer Unterschale am Meeresboden festgewachsen.

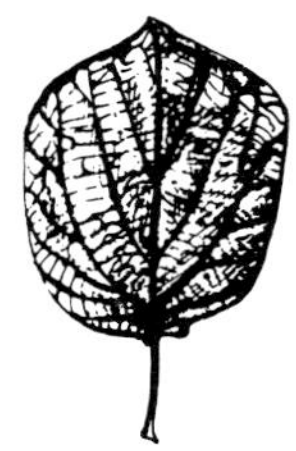

Zeit der Laubbäume, Blatt einer Credneria.

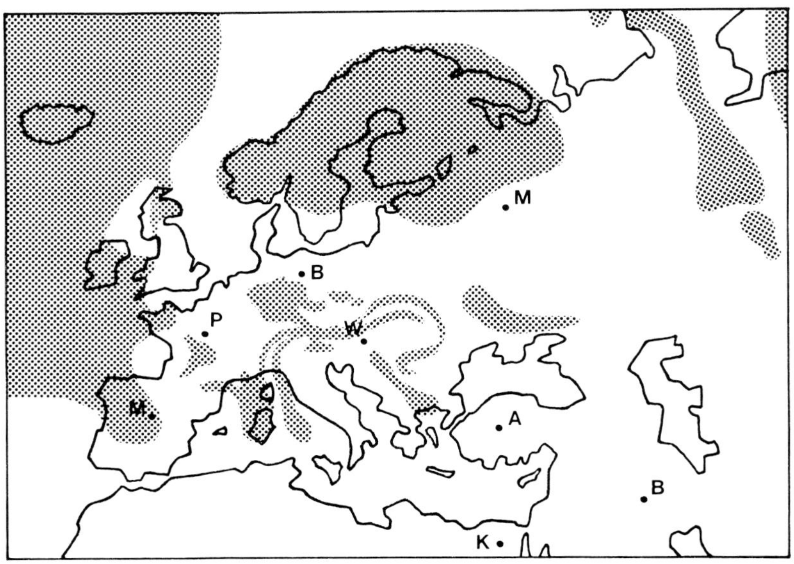

Land und Meer zur Kreidezeit vor 100 Jahrmillionen.

Die Höhlenflußläufe der frühen Mittelgebirgsalpen werden bei der Hochgebirgsfaltung über das Talniveau gehoben und so zu den Trocken- und Eishöhlensystemen der Gegenwart (Schellenberger und Untersberg-*Eishöhlen*). Die Kaltluft des Winters bewirkt dabei die Bildung von

Eis, das im Sommer nicht abschmilzt, da keine Warmluftzufuhr erfolgt.

80 000 000

Das Klima ist warm und trocken. Die Ammoniten wachsen sich zu Riesenformen aus und rollen sich auf (Durchmesser bis zu 2,5 m).

Der Rückzug des *Kreidemeeres* setzt im Norden (im Santon) zwischen Hollfeld und Auerbach ein. Er setzt sich nach Süden fort und ist am Ende des Campaniums, noch vor Beginn der Erdneuzeit, im Innviertel abgeschlossen. Zur Oberflächenentwässerung kommt Karstentwässerung. Die Amberger Kreideerze bilden sich als Bodensatz heraus, ihr Eisengehalt beträgt 41 Prozent. Mit dreißig Millionen Tonnen Vorräten kann die Maxhütte noch 35 Jahre versorgt werden (nach Rutte). Regensburger Grünsandstein ist ebenfalls ein Produkt der Kreidezeit. König Ludwig I. ließ ihn für Repräsentativbauten verwenden. Diese sind heute durch Abgase besonders gefährdet.

70 000 000

Das Molassebecken ist in zwei Hälften geteilt. Im östlichen liegt der Schwerpunkt des marinen Regimes. Westlich des Meridians von München entstehen Verlandungen und ein amphibisches Seenland.

Das Kreide- und Eozänmeer greift aus dem alpinen Randmeer nordwärts in den östlichen Molasseraum über. Im *Oligozän* (35 Jahrmillionen) wird das Molassebecken Senkungsgebiet. Diese Bewegung dauert bis ins *Mittelmiozän* (Helvet) vor 20 Jahrmillionen. Tonmergel und Sandlinsen erreichen im südlichen Chiemgau bis über viertausend Meter Stärke.

Das *Reichenhaller Becken* bildet sich vermutlich bereits während der späten Kreidezeit. Es trennt als Randdepression zwei geologisch verschiedene Gebirgsstökke: den Hochstaufen, der zur tirolischen Einheit zählt und den Untersberg (Berchtesgadener Einheit). Den Untergrund bildet das salzhaltige Haselgebirge, auf dem die Solequellen des Reichenhaller Beckens basieren.

Während der Kreidezeit bildet sich das sandig-tonige *Flysch*gestein, das lehmig verwittert und in naßfeuchten Zeiten zu Erdrutschen (flysch = rutschen, schweizerisch) neigt. Höglberg und Teisenberg sind die östlichsten Flyschberge Bayerns. Es sind waldreiche, einförmige Berge mit Mittelgebirgscharakter. Die Flyschzone begleitet den nördlichen Alpenrand vom Allgäu bis nach Österreich, wo sie im Wienerwald die größte Breite erreicht.

65 000 000

Mit dem *Tertiär* beginnt die Neuzeit der Erdgeschichte, das Neozoikum. Es dauert rund 62 Jahrmillionen. Am Alter der Erde gemessen, umfaßt dieser Zeitraum nur vier Prozent. Die alpide Faltung (Pyrenäen, Alpen, Karpaten, Apennin, Kaukasus . . .) erreicht ihren Höhepunkt und klingt im Jungmiozän ab. Es bilden sich weltweit große *Braunkohlenlager*.
Die Tethys weicht zurück. Der Reichenhaller Kessel wird bis Hallthurn unter den Meeresspiegel gesenkt. Im Inntal zeugen Muscheln, Korallen und Seeigel (Gfaller Mühle bei Oberaudorf) vom marinen Einfluß. Die Entwicklung der Vögel und Säugetiere, insbesondere der Herrentiere (Primaten) und die Entfaltung der Blütenpflanzen ist am Höhepunkt angelangt. Rund neunzig Prozent aller heutigen Tier- und Pflanzenarten sind vorhanden. Noch fehlt der Mensch. Gegen Ende des Tertiärs haben Land und Meer die heutigen Umrisse erreicht, jedoch nicht die Formen. Der Alpenraum erfährt erst durch die Eiszeiten jene Veränderungen, die sein gegenwärtiges Landschaftsbild bestimmen.

Das Alpengebiet ist Festland. Im folgenden Obereozän dringt das Meer von Norden örtlich in den Alpenraum ein. Gesteine des Eozän (Alttertiär) bilden vor der Flyschzone die *Helvetikumzone*. Sie ist im Allgäu landschaftsbildend, z. B. Grünten, in Oberbayern und ostwärts bis zum Wiener Becken, aber nur von lokaler Bedeutung. Erst die Ablagerungen des Oligozänmeeres füllen das große Molassebecken auf. Dieses erreicht seine größte Breite im Meridian Rosenheim – Regensburg.

Zu Beginn der Erdneuzeit kommt es auf bayerischem Gebiet an den Schwächezonen der Erdrinde zu *Vulkan*ausbrüchen. Aus dem Erdinnern gefördertes glühendes Magma erkaltet an der Oberfläche zu Vulkaniten (Ergußgesteinen). Die Basalte und Tuffe markieren tektonische Störungsgebiete in den Alpen (Mittenwald, Oberstdorf), vor allem aber in Nordbayern. Haupttätigkeitsfeld ist die Rhön, die Vulkanruine decken Lavaströme.

Der Fichtelgebirgssattel entsteht. Wesentlichen Anteil an dem gesamten Mittelgebirge haben die Granite, die hier auf einer Fläche von rund 380 Quadratkilometern erscheinen, das entspricht fast der Hälfte des gesamten *Fichtelgebirges*. Die Granitböden sind auch die Ursache für die bewaldeten Höhenzüge. Am Großen Waldstein (877 NN) stehen die Felstürme, die der Auswitterung widerstanden haben, noch aufrecht. In der Gipfelpartie bildet eine Granitmauer »die Schüssel«. Im südwestlich gelegenen Steinwald gibt es ähnliche Felsbildungen. Typisch sind Wollsacktürme, die legendäre Namen (Katzentrögl, Räuberfelsen, Saubadfelsen) führen.

Im Alttertiär verhärten sich kalkbildende Meeresalgen (Lithothamnien) zum *Granitmarmor*. 66 Säulen von St. Bonifaz in München sowie Grabsteine im alten Südlichen Friedhof bestehen aus diesem granitähnlichen Baustein. Er wird heute als Zementrohstoff verwendet und bei Rohrdorf, Landkreis Rosenheim, abgebaut.

Die Riesenechsen (Saurier) sterben aus bis heute nicht bekannten Ursachen aus. Die Säugetiere entwickeln sich in großer Vielfalt. Ein rattenähnlicher Bodenbewohner verlagert seinen Lebensraum teilweise auf Bäume. Es ist das Spitzhörnchen (*Tupajas*), das noch Insektenfresser ist, sich aber bereits im Übergangsstadium zu den Primaten befindet. Der Vorfahre der Affen ist damit vorhanden.

Die Saurier sterben aus.

Es bilden sich in den Talsohlen abgestorbener Sumpfwälder die Braunkohlenflöze (Braunkohlentertiär) heraus. Die an Pyrit reiche Braunkohle führt zu Schwefelquellen, sogenannten Stinkerbrunnen, auf denen der Heilerfolg der Bäder von *Bad Abbach* und Umgebung beruht.

Das *Klima* ist tropisch. Das Temperaturmittel liegt im Eozän bei 22° C (heute 8° C). Im Meer bilden sich Korallenriffe. Es wachsen Fächerpalmen, Zimt- und Lorbeerbäume sowie Araukarien, mächtige Nadelbäume, die heute nur noch auf der südlichen Erdhälfte anzutreffen sind.

Das *Gosaumeer* weicht aus den Kalkalpen in die vorgelagerte Flysch- und Helveticumzone zurück, die erst in der Erdneuzeit (Alt-Tertiär) auftaucht.

Es bilden sich nach mächtigen Veränderungen, bei denen Überflutungen und Verlandungen aufeinander folgen, die heutigen *Kontinentformen* heraus. Ammoniten und Belemniten sind ausgestorben. Amphibien und Reptilien überleben nur noch in den heute bekannten Formen.

Teile des nördlichen Bayern werden abgesenkt, Ursache ist der Einbruch des Oberrheintalgrabens in seinem nördlichen Teil. Die Juratafel südlich der Alb und des Bayerischen Waldes sackt gegen den Alpenrand bis zu 5000 Meter ab. Auf der Suche nach Erdöl und -gas trifft der Bohrer bei Füssing erst in 910 Meter Tiefe auf die Oberkante

Der Kopffüßler Nautilus pompilius im Röntgenbild. Die meerbewohnenden Weichtiere erscheinen in tropisch warmen Gewässern. Die geometrische Grundform des Kammergehäuses ist eine logarithmische Spirale, die nach den Gesetzen des Goldenen Schnittes gebaut ist: Das Wachstum verändert nicht die Grundform. Jeder Längenzuwachs wird durch die Erweiterung des Radius ausgeglichen. Der Kopffüßler behält seine Gestalt, gleichgültig von welchen klimatischen Bedingungen seine Größe abhängig ist.

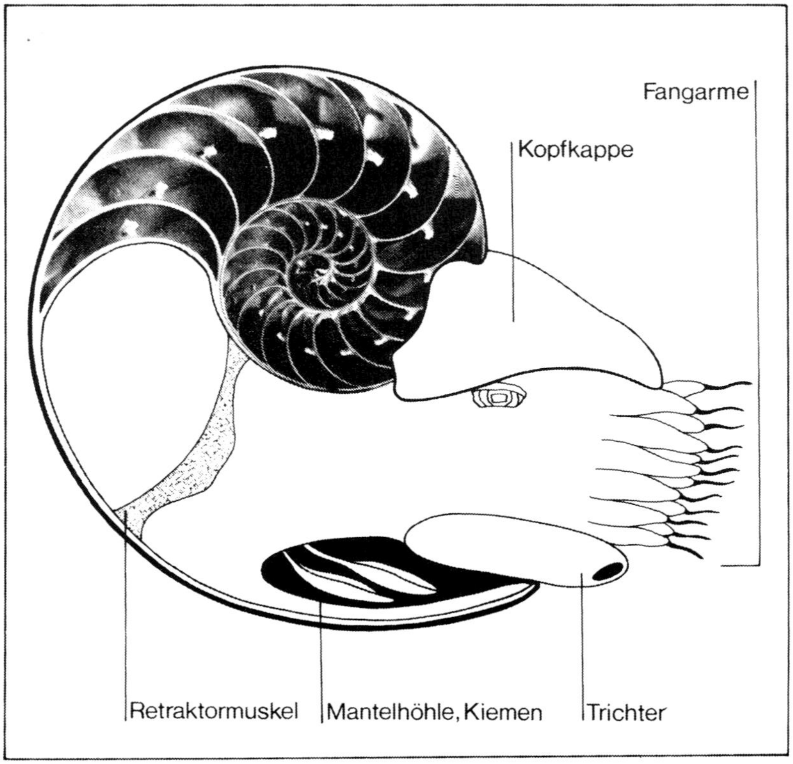

Schema eines Nautilus, des noch heute lebenden Perl- oder Schiffsbootes, letzter Nachfahre der schon früh in der Erdgeschichte auftretenden Gruppe der Nautiloidea. Der Kopffüßler besitzt im Gegensatz zu Ammoniten 94 kleine Tentakel, Fangarme. (Zeichnung Jura-Museum Eichstätt)

des Juragesteins. Bei Rotthalmünster ist in einer Tiefe von 1533 Meter das Gestein noch nicht erreicht (Bleibrunner).

Der Granit der Luisenburg, des früher Luchsburg genannten 783 Meter hohen Berges bei Alexandersbad, wittert im Verlauf der Erdgeschichte aus und bildet heute ein Felslabyrinth. Die in dieser Größe in Europa einzigartigen Blöcke bilden einen Sporn und sind Teil des Kösseine-Massivs im »Fichtelgebirgs-Hufeisen«.

Goethe hat das Felsenmeer des Urgesteins hier und am Haberstein richtig als Verwitterung gedeutet: Er war zweimal dort und schrieb: »Hier ruhst du unmittelbar auf einem Grunde, der bis zu den tiefsten Orten der Erde hinreicht, keine neuere Schicht, keine aufgehäuften, zusammengeschwemmten Trümmer haben sich zwischen dich und den festen Boden der Urwelt gelegt ... Diese Gipfel ... sind vor allem und über alles Leben.«

60 000 000

Starke tektonische Bewegungen verändern die nördlichen Kalkalpen im Tertiär. Die Berge haben noch nicht die heutige Form erreicht. Nummuliten, Korallen, Muscheln und Schnecken sind im Mergel erhalten gebliebene Beweise für ein erneutes Vordringen des Meeres, das im Reichenhaller Becken bis unter Hallthurn reicht. Es ist der letzte Meereseinbruch. Im anschließenden *Oligozän* (mittleres Tertiär, um 35 Jahrmillionen) steigt das Berchtesgadener Land auf und erhält seine heutige Landschaftsform.

Die Erde gewinnt ihre heutige Form.

Der *Nummulitenkalk* des Reichenhaller Beckens ist eine der bemerkenswerten Erdformationen des sonst im Alpenraum wenig ausgeprägten Tertiärs. In Neubeuern, Rohrdorf und Sinning werden Nummuliten- und Lithothammienkalke des Eozän (älteres Tertiär) als Granitmarmor gebrochen. Das Gestein bilden Kalk, Mergeln mit Glaukonitkörnchen. Es ist tonig mergeliger Schiefer, der im Volksmund Stockletten genannt wird.

Die Münchberger Gneismasse wird als Keilscholle am Wartturmberg bei Hof herausgepreßt. Im Frankenwald bildet sich in Haidberg bei Zell aus tiefen Gesteinen die Serpentingruppe heraus. Der Name Serpentin führt auf die schlangenhautähnlichen Flecken des Minerals und Gesteins zurück. Ferner galt Serpentin als Mittel gegen Schlangenbiß. In Haidberg wies Alexander von Humboldt (1769 bis 1859) erstmals den Polarmagnetismus nach.

Die Alpen werden zum Hochgebirge aufgefaltet.

Zur Zeit der alpidischen Faltung entsteht der *Königssee*. Das tief eingeschnittene Gewässer, dessen Grund 188 Meter unter dem Seespiegel liegt, ist eine glazial ausgehobelte Hohlform an einer tektonisch angelegten Zerrüttungszone. Ursprünglich ragte hier ein Gewölbedom auf, zu dem auch die heute durch das *Wimbachtal* getrennten Watzmann und Hochkalter gehörten. Die Gletscher der Eiszeit erhoben sich hier später achthundert Meter hoch über den Seespiegel, sie hobelten und schürften die in den Dachsteinkalk gefügte Furche trogförmig aus.

55 000 000

Die *Alpen* haben sich in ihrer ganzen Länge (1100 km) und Breite (300 km) aufgefaltet. Sie reichen im Norden vom Wendelstein bis im Süden zum Passo dei Giovi bei Genua. Das entspricht einer Entfernung von rund dreihundert Kilometern. Könnte der Vorgang der Alpenfaltung rückgängig gemacht und das Gebirge wieder geglättet werden, würde

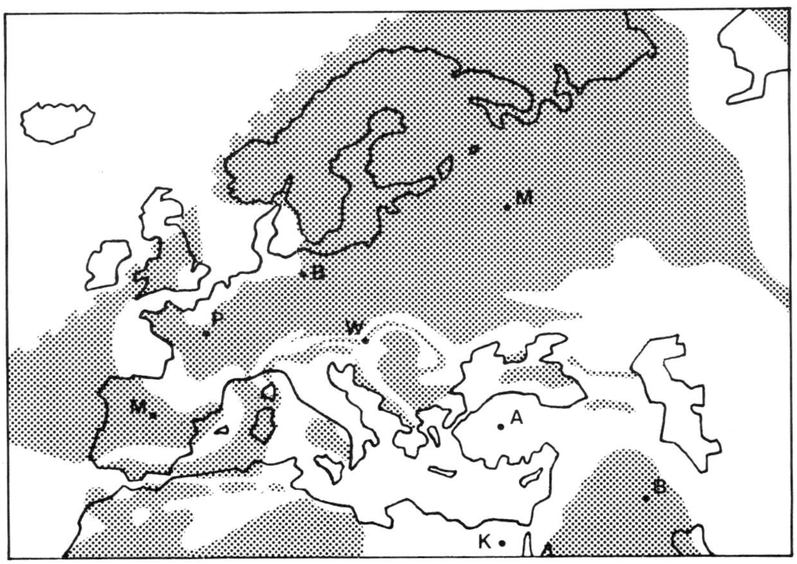

Land und Meer in der Zeit des Alttertiär, vor 50 Jahrmillionen. (Nach Farbtafeln aus dem Haus der Natur, Salzburg)

die Ausdehnung in der Breite achthundert Kilometer betragen. Der bayerische Anteil – 260 Kilometer Länge und zehn bis dreißig Kilometer Breite – setzt sich aus Kalken, Dolomit, Mergeln, Schiefer und Sandstein zusammen. Es sind Gesteine des Trias-Zeitalters. Ein typischer Fels ist der Wettersteinkalk. Aus dem hellfarbigen, massigen Fels sind Benediktenwand (1801 m), Wendelstein (1838), Kampenwand (1669) und Hochstaufen (1781) aufgebaut.

50 000 000

Die oberbayerische »Pech*kohle*« (Glanzbraunkohle) bildet sich aus den Pflanzen der vegetationsreichen aussüßenden Seen. Der Abbau, der vielfach im Tagebau erfolgt ist, beginnt im Mittelalter und reicht bis zur Stillegung der Zechen (1966–1971) herauf. In den Revieren Peißenberg-Peiting, Penzberg-Nonnenwald, Hausham-Miesbach und Marienstein wurden über hundert Millionen Tonnen Braunkohle gefördert. (Geologische Karte von Bayern, 91/1981.)

Das *Eisenerz* der Eozänschichten (ältere Tertiärablagerungen) bildet bei Kressenberg, im Trauntal bei Eisenärzt und in Achtal bei Teisendorf mehrere Flöze. Der Gehalt des oxidischen Eisenobliths weist 35 Prozent Eisen auf, das bis ins 20. Jahrhundert verarbeitet wird. Sichtbare Zeugen sind die Schlackensteine von der ehemaligen Maximilianshütte bei Bergen, die bei Neukirchen und um Teisendorf zum Hausbau verwendet wurden.

Das Meer weicht zurück. Das *Klima* ist subtropisch und erreicht im Oligozän ein Jahresmittel von 20° C. Es liegt um 2° C unter der Temperatur des Eozän (Beginn der Erdneuzeit).

In dem subtropischen Klima leben wärmeliebende Tiere wie Elefant und Nashorn. Die Temperatur liegt im Jahresdurchschnitt um 12° C über dem heutigen Jahresmittel (8° C).

Die Mehrheit der Blütenpflanzen, Säugetiere und Vögel ist vorhanden.

Das im Jura vor hundert Jahrmillionen gebildete Gestein wird im Tertiär abgetragen und ist heute meist nur noch in Rückständen vorhanden.

Das letzte tropische Meer auf deutschem Boden (Rutte) hinterläßt Muscheln, Krabben, Schnecken und den großen Seeigel Conoclypeus, die im Nummulitenkalk vom Kressenberg, Adelholzen und Teisendorf überliefert sind. Die hier leicht

Gebankter Dachsteinkalk, der sich während der Trias bildet und nach der Alpenfaltung – rund 150 Jahrmillionen später – viele Plateaus in den bayerischen Alpen aufbaut, darunter das des Steinernen Meers im Bild.

zu sammelnden Foraminiferen erreichen einen Gehäusedurchmesser bis 5 cm. Die populärste Form der Protozoen (Urtierchen) sind die Maria-Ecker-Pfennige (s. 46 000 000).

Der *Hohe Göll* im Berchtesgadener Land ragt als mächtiger Riffkörper aus der gebankten Dachsteinkalkfazies der umliegenden Bergwelt heraus. Sein Gestein entstand Millionen Jahre vor der Alpenfaltung während der Trias.

Die Vorläufer der *Pferde* (Hyracotherium) erscheinen im Eozän. Über die damals noch bestehende Beringbrücke, eine Landverbindung zwischen Alaska und Sibirien, gelangen sie von Amerika nach Europa. Die Frühformen haben die Größe eines Foxterriers, sind vorne vier- und hinten dreizehig.

46 000 000

Im Nummulitenkalk der Adelholzener Schichten werden die Maria-Ecker-Pfennige überliefert. Es sind die Gehäuse von Protozoen (Urtierchen), die in dem tropischen Meer absinken, das sich vor den Alpen ausbreitet und die nach dessen Abfluß als Versteinerungen erscheinen. Sie sind leicht zu erkennen, da die radiar angeordneten Kammerscheidewände Spiralen bilden. Die Wallfahrer, die zu dem Chiemgauer Marienheiligtum Maria-Eck pilgerten, sahen in der strahlenförmigen Anordnung des Gehäuses ein Symbol für die Gloriole der Mutter Gottes. Die Bezeichnung Maria-Ekker-Pfennig ist seit dem Jahr 1846 bekannt.

40 000 000

Der Boden des Alpenvorlandes senkt sich infolge der Auffaltung der Alpen, und das Meer dringt ein. Von den Alpen bis zum Bayerischen Wald und Jura breitet sich ein Meeresarm aus, der von der Schweiz bis zu den Karpaten reicht (*Molassebecken*) und am Alpenrand vier- bis fünftausend Meter tief ist. In den Meeresboden sinken Kalkschlamm und andere Sedimente ab, ferner füllt sich das Becken mit Sand und Tonschichten sowie dem Geröll der Flüsse, so daß das Meer wieder abfließt. In dem brackigen Wasser bilden sich Inseln.
Subtropisches Klima bewirkt Artenfülle der Flora, es wachsen Magnolien, Feigen, Zimt- und Kampferbäume, Palmen, Oleander und Tulpenbaum, Schraubenpalmen und Sandelholz. Nachgewiesen sind im Priental, bei Bernau, am Westerbuchberg und auf Herrenchiemsee Blätter des Zimtbaums.

Die *Molasse*decke wächst von Nord nach Süd. Der Schichtenbau mißt in der Holledau (Mainburg) dreihundert Meter Stärke und erreicht im Bereich der gefalteten Sedimente im Allgäu bis zu sechstausend Meter Mächtigkeit. Die Mergel und Sande sind überwiegend Bergschutt, den die Flüsse in das Vorlandbecken verfrachtet haben. Die Zufuhr aus den ostbayerischen Grundgebirgen und der Schwäbisch-Fränkischen Alb ist begrenzt.
Geologische Karte von Bayern 88/1981

In den Flözen der südbayerischen Braun- und Steinkohlebergwerke Hausham, Penzberg, Miesbach und Peißenberg sowie in den Tonmergelschichten der Flußtäler (Prien, Schauergraben bei Bernau) sind Zeugnisse dieser subtropischen und vegetationsreichen Zeit durch Abdrükke nachgewiesen. Das teilweise auch tropische Klima bewirkt eine Vegetation größter Artenfülle, wie sie seither in diesem Teil der Erde nicht mehr wiedergekehrt ist.

Im Alttertiär wird zwischen Eozän und Oligozän das *Helveticum*gestaucht, das in Bayern ein schwaches Band bildet.

30 000 000

Auch im Bereich des Nordpols herrscht im Oligozän subtropisches Klima. Im *Tierreich* erscheinen die Vorformen von Pferden, Hunden, Raubkatzen, Kamelen und allen Huftieren (Brontotherium, Brontops), Schlangen und Vögel erreichen Riesenformen.

Die *Blütenpflanzen* (Angiospermae) erscheinen und erreichen bald ihre erste große Verbreitung.

25 000 000

Das sich vom Alpenrand bis zur Donau erstreckende *Molassemeer* verliert im Mittelmiozän seinen Salzgehalt. Das Meer weicht bis auf die Höhe des Chiemsees zurück. Die Regression (Schrumpfung) bewirken ausbleibende Wasserzufuhren aus dem Süden und Westen. Das Alpenvorland wird im anschließenden Obermiozän Festland. Die Flüsse tragen Schwebstoffe, Mergel und Sande (Flinz) aus den Alpen und lagern ihre Fracht im Vorland ab. Diese Entwicklung wird später von der Eiszeit unterbrochen.

Am Rand des Molassemeeres bilden sich zur Zeit des *Chattium* (Chatten = germanischer Volksstamm) in Südbayern glimmerreiche, plattige Sandsteinschichten. Sie sind gute Erdspeicher und liefern im Molassebekken das meiste *Erdöl*.
Die oberbayerische *Pechkohle* ist ein Hauptprodukt der chattischen Molasse. Ihr Ursprung ist organisch. Pflanzen und Gehölze wurden bei der Absenkung des Molassebeckens von Sand und Ton überlagert. Unter Luftabschluß fand die Inkohlung statt. Abbaugebiete lagen bis 1971, als die letzte oberbayerische Zeche geschlossen wurde, zwischen Lech und Inn in der Peißenberger und Penzberger Mulde, ferner in der Nonnenwald-, Haushamer-, Miesbacher- und Murnauer Mulde. Hundert Millionen Tonnen Pechkohle wurden ge-

Lebensbild der Ur-Naab vor 23 Jahrmillionen bei Wackersdorf. Den trägen Fluß säumen Braunkohlenwälder und -moore. Landeinwärts breitet sich ein farnreicher, mit Palmen durchsetzter Sumpfwald aus, der in ein Buschmoor übergeht, an das in den Talflanken ein lianenreicher halbimmergrüner Mastixiaceen-Wald anschließt. (W. Jung und K. Dossow, Bayr. Staatssammlung für Paläontologie und historische Geologie)

fördert, die Vorräte werden auf 3,5 bis 11 Millionen Tonnen geschätzt (nach Rutte).

23 000 000

Das Rinnensystem der Naab bildet sich im *Miozän* heraus, es reicht von Pfreimd bis Regensburg. Ursache ist das Aufsteigen des Bayerischen Waldes und der damit verbundene Einbruch.

20 000 000

Die *Alpen* sind aufgefaltet und erreichen mit dem Montblanc (4807 m) die höchste Erhebung. Der Mittelwert der Gipfelhöhen liegt zwischen 1400 und 1500 Meter. Ihre Gipfelprofile und Sattelformen verändern sich seither nur wenig an Höhe und Profilansichten. Die höchsten Erhebungen der bayerischen Nordalpenkette sind die Zugspitze (2963 m) im Westen und der Watzmann (2713 m) im Osten. Die Alpenfaltung ist die landschaftsprägende Veränderung, die bis in die Gegenwart für jedermann erkennbar ist. Erst die Eiszeit bildet im Quartär, der geologischen Gegenwart, insbesondere im Alpenvorland Geländeformen, die das Landschaftsbild heute bestimmen.

Enns und Salzach, Inn und Lech bilden mit anderen Bergströmen die Vorläufer der heutigen Flußsysteme. Sie münden ins Molassebecken und nach dessen Auffüllung in die obere Süßwassermolasse. Das Gebiet wird teils nach Westen zum Rhonetal, teils nach Osten zum Wiener Becken entwässert. Erst später erfolgt der nur nach Osten orientierte Wasserlauf über die Donau.

Die Feinsandablagen des *Schlier* werden im Burdigalabschnitt des bayerischen Molassebeckens abgelagert. Der dunkel- bis mittelgraue sandige Mergel reicht bis zu den Karpaten. Er ist am niederbayerischen Inn tausend Meter mächtig. Im Priental erreicht er 830 Meter. Der Sockel der *Ratzinger Höhe* besteht aus Schlier, ihr Gipfel bildete sich Millionen Jahre später aus Oberer Süßwassermolasse. Diese »Brackwassermolasse« entstand, als das nordalpine Molassemeer durch die Alpenflüsse ausgesüßt und aufgefüllt worden war.

Die Pferde erscheinen. Millionen Jahre leben sie in freier Wildbahn. Erst im Quartär, der geologischen Gegenwart, kommt der Mensch und macht sie zum Haustier. Im Bild ein Haflinger, der zu den jüngsten Kreuzungen zählt (siehe S. 47).

Das Alpenvorland ist eine einförmige Sumpf- und Seenlandschaft. Elefantenähnliche Mastodonten und Dinotherien bilden im *Obermiozän* Herden. Die unmittelbaren Vorläufer der Pferde, Hirsche und Raubtiere erscheinen. Die Vegetation ist subtropisch üppig.

18 000 000

Im Mittelmiozän beginnt die Ablagerung der *Oberen Süßwassermolasse*, der jüngsten Erdschicht im bayerischen Alpenvorland. Sie wird meist von eiszeitlichem Schotter überlagert und tritt am Irschenberg und Taubenberg als hartes Konglomerat eines ehemaligen Schuttfächers unter der Quartärdecke wieder hervor. Die Entwicklung wird vor rund acht Jahrmillionen unterbrochen, als aus dem Tiefland ein Hügelland wird. Die Obere Süßwassermolasse ist bis zu dreihundert Meter mächtig. Die Sammlung in einem Trog bewirkt die ständige Absenkung vor den Alpen, aus denen die Flüsse das Material herantragen, das später Ton und Mergel bildet.

15 000 000

Die *Häringer Meeresbucht*, im Süden von Kufstein gelegen, wird von einer sich zwischen

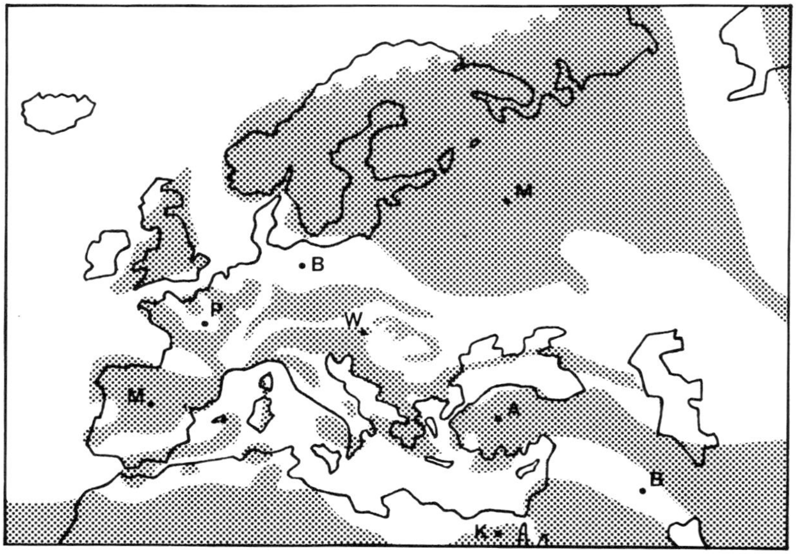

Land und Meer im Jungtertiär vor 15 Jahrmillionen.

Oberaudorf und Nußdorf erstreckenden Felsenbarre abgeschlossen, auf die noch die Flußverengung, der Gletscherschliff und die Auerburg hinweisen.

Mit den *Primaten*, den Herrentieren (menschenartigen Affen und Halbaffen, Hominiden) erscheinen die Vorläufer des Menschen. Im Schutz der Bäume werden sie Sohlengänger mit aufrechtem Gang. Eine Gruppe verläßt die Bäume, tritt später aus dem Wald heraus und gewinnt Steppen- und Flußland als Lebensraum. Diese Entwicklung (Evolution) ist in Bayern nicht nachgewiesen. Die Tierwelt hat große Ähnlichkeit mit der heuti-

Lebensbild der Tiere und Pflanzen vor 15 Millionen Jahren im Bereich der Oberen Süßwassermolasse an der Ur-Isar bei Mainburg. (Rekonstruktionsbild von H. Thiele-Pfeiffer, Bayer. Staatssammlung f. Paläontologie u. historische Geologie)

1 = Tupelobaum (Nyssa); 2 = Flughörnchen (Cryptopteros); 3 = Urschwein (Hyotherium); 4 = Sumpfzypresse (Taxodium); 5 = Weichschildkröte (Trionyx); 6 = Riesenlandschildkröte (Geochelone); 7 = Urpferd (Anchitherium); 8 = Krallentier (Phyllotillon); 9 = Zitzenzahnelefant (Gomphotherium); 10 = Gabelurhirsch (Heteroprox); 11 = Doppelzahnkrokodil (Diplocynodon); 12 = Kurzfußnashorn (Prosantorhinus); 13 = Bärenhund (Amphicyon); 14 = Lederhülsenbaum (Gleditsia); 15 = Zürgelbaum (Celtis).

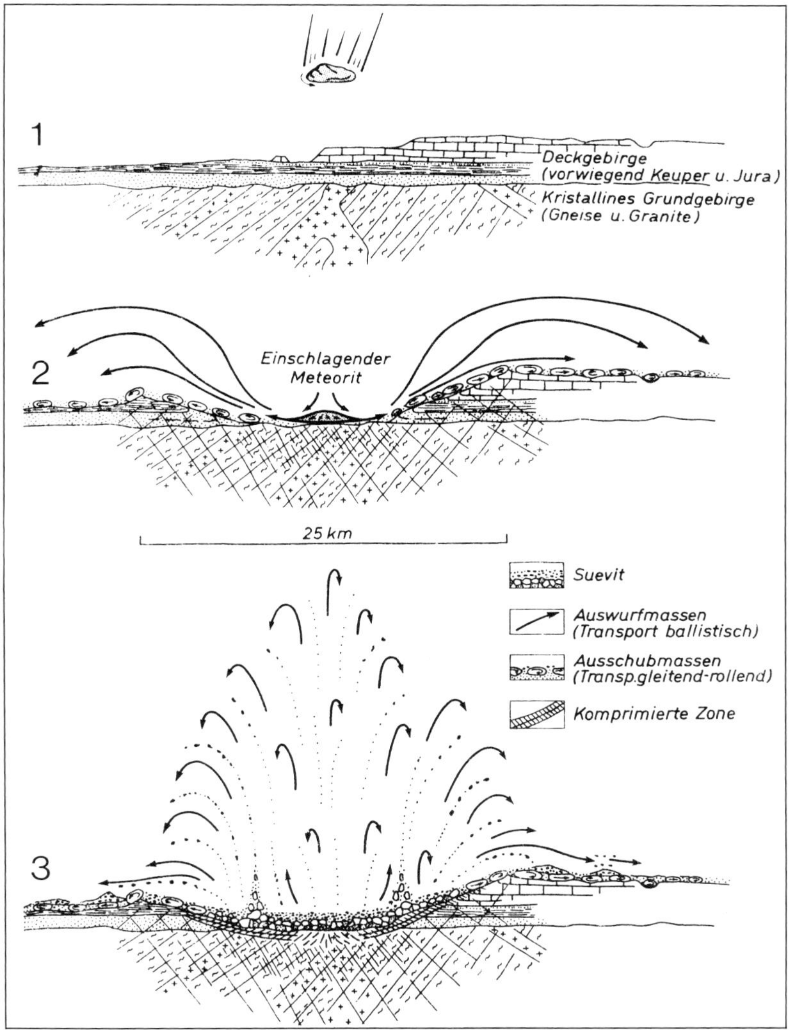

Ein Meteorit schlägt im Ries ein. Vorgang der Kraterbildung.

1. Auftreffen eines km-großen Steinmeteoriten mit einer Einschlaggeschwindigkeit von etwa 15 km/sec auf den Bereich des Albtraufs vor 14,8 Millionen Jahren.

2. Durchschlagen des bis 600 m mächtigen Deckgebirges, dabei Komprimierung des kosmischen Körpers, Erzeugung von kurzfristig bestehenden enorm hohen Drücken und flaches Auswerfen mit Ausschieben der zertrümmerten Gesteine (Bunte Trümmermassen) bis 40 km weit in das Umland.

3. Verdampfen des Meteorits beim Eindringen in das Grundgebirge, Komprimierung und teilweises Aufschmelzen der Gesteine des kristallinen Grundgebirges im Zentralteil des Kraters, Auswurf dieses Materials durch eine Rückfederbewegung steil nach oben und Rückfall in den Krater und seine nähere Umgebung als Suevit. (Nach Chao, 1977 ergänzt, Bayerisches Geologisches Landesamt)

gen. Säugetiere und Vögel entwickeln sich, ponygroße Pferde erscheinen, Hirschvorläufer haben ein einfaches Geweih. Mit dem Mastodon erscheint der Urelefant, der vier Stoßzähne aufweist, ferner Säbelzahntiger sowie Flußpferd. Alle Saurier sowie Ammoniten und Belemniten sind ausgestorben.

14 800 000

Im *Ries* schlägt ein *Meteorit* ein und schafft eine Beckenlandschaft von 20 bis 25 Kilometer Durchmesser. Die frühe nachweisbare Erdformation gibt bis heute Rätsel auf. Der Himmelskörper hatte ungefähr einen Kilometer Durchmesser und drang siebenhundert bis tausend Meter tief in den Untergrund ein. Der Meteorit, der beim Aufschlag Millionen Atmosphären Druck bewirkte, verdampfte durch die Erhitzung. Die Theorie, es handle sich beim Ries um einen vulkanischen Explosionskessel, haben die amerikanischen Astronauten von »Apollo XII« nach ihrer Rückkehr vom Mond entkräftet. Sie brachten aus Kratern Hochdruckformen von Quarz mit, wie sie auch im Ries gefunden wurden.

12 000 000

Die *Pflanzen*welt der *frühen Erdneuzeit* (Tertiär) ist in Blattabdrücken, in Holz- oder Fruchtfossilien überliefert. Wasserpflanzen wie Seerose und Wassernuß sind bekannt. In ei-

ner Vielfalt von Urwäldern wachsen Schlingpflanzen. Amberbaum, Edelkastanie, Ginkgogewächse und Sumpfzypressen leben in anderen Klimaprovinzen der Erde fort. Die den Akazien verwandten Pologonien sind ausgestorben. Andere Baumarten wie Mammutbaum, Hemlocktanne, Balsampappel und Zigarrenbaum finden sich heute als Exoten in Gärten und Parkanlagen.

Die Hochfläche des Steinernen Meeres (1600–2655 m) verkarstet im Laufe von Jahrmillionen. Hinter brunnenartigen Wannen wechseln in wogendem Auf und Ab Karrenfelder mit Runsen und Scharten. Verschobene Kalkbänke durchziehen die Felswüste. Die Wasserstellen sind rar, da fast aller Niederschlag in den Falten des Lias- und Dachsteinkalks verschwindet und seit 10 Millionen und mehr Jahren auf bis heute nicht erforschten Wegen im Tal als Karstquellen austritt. Der gebankte Dachsteinkalk setzt sich nach Süden fort, erreicht nach der Grenze die Übergossene Alm und mit dem Hochkönig (2941 m, Land Salzburg) die höchste Erhebung der Berchtesgadener Alpen.

Felsbildung, wie sie für Kalkgebirge weltweit charakteristisch ist, oben Blockfeld aus den Chiemgauer Alpen, unten ausgewitterte Felsform im Idagebirge, Kreta.

10 000 000

Die Flüsse fließen noch ohne festes Bett, lagern ab, räumen aus und verändern ihren Lauf. Die *Urdonau* fließt auf der Molasse, 150 Meter über dem Altmühltal von heute, in das sie später ihr erstes Bett gräbt.

Die Quellen der *Altmühl* liegen noch auf der Rhön und in Hessen, im Gebiet des Insel- und Vogelsbergs.

Aus den feinsandigen und mergeligen Serien der Oberen Süßwassermolasse baut sich die Herreninsel im Chiemsee auf. Es ist Flinz, aus dem auch Taubenberg und Peißenberg bestehen.

Das Braunkohlentertiär von *Viehhausen* bei Kapfelberg konserviert Tierreste, auch Haut und Haare. Unter den See- und Landbewohnern zählen die Krokodile zu den häufigsten Tieren.

Landschaft im jüngeren Tertiär vor 10 Millionen Jahren. Das Klima ist nicht mehr tropisch, jedoch im Jahresmittel um fünf Grad wärmer als heute und entspricht dem Südeuropas. Wärmeliebende Pflanzen ziehen sich nach Süden zurück, Palmen werden selten. Noch bietet eine vielfältige Flora Lebensbedingungen für Elefanten vom Typ des Wurzelzahntiers (Gomphotherium) und die den Flamingos verwandten Paloelodus, die in seichten Tümpeln nach Süßwasserkrebsen suchen. Die Alpenbildung ist bereits abgeschlossen. Die Gebirgsformen entsprechen denen von heute. Das 2 Millionen Jahre währende Eiszeitalter ist noch fern. Erste Kältevorstöße gibt es vor 2,5 Millionen Jahren.

In der Oberen Süßwassermolasse bildet sich *Betonit*. Es wird im Raum Mainburg-Moosburg-Landshut seit den zwanziger Jahren dieses Jahrhunderts für die chemische Industrie gewonnen.

Aus der Meeresmolasse des Miozän-Zeitalters beziehen die oberbayerischen Heilbäder Bad Wiessee, Bad Tölz und Endorf ihre Mineralwässer. Die Entdekkung geht, wie bei Endorf, nicht auf natürliche Quellen, sondern auf Tiefenbohrungen bei Erdölsuche zurück. Das Rottaler Bäderdreieck Füssing-Birnbach-Griesbach ist ebenfalls durch Tiefenbohrungen erschlossen. Die Mineral- und Thermalbrunnen liegen bis in 1500 Meter Tiefe. Bei Temperaturen bis zu 60° C werden schwefelhaltige Wasser in Bad Füssing und Natrium - Hydrogen - Karbonat - Chlorid führendes Heilwasser in Birnbach und Griesbach gewonnen.

Die Fauna des bayerischen Alpenvorlands entspricht jener in Österreich und Ungarn. Zur Tiergesellschaft des Bayerischen Molassemeeres zählen Haifische.

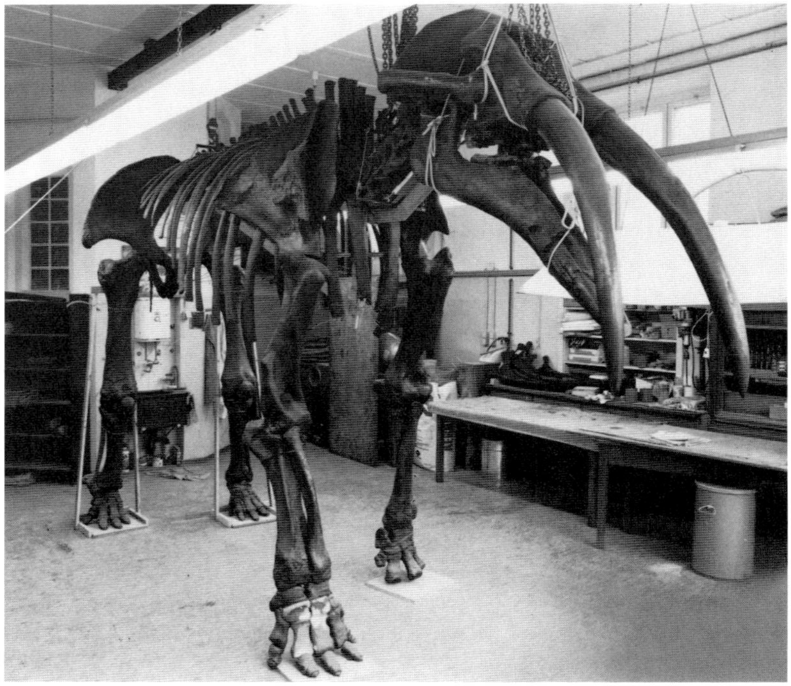

Der Mühldorfer Urelefant, der nach seinen riesigen Backenzahnwurzeln von der Wissenschaft „Gomphotherium“ (Wurzelzahntier) genannt wird. Das vor 10 000 000 Jahren im Tertiär lebende Rüsseltier überlebte als Skelett in den Innsanden der Oberen Süßwassermolasse. Im Herbst 1971 entdeckte der Sportangler Heinz Kretschmann nahe Gweng, 3 km südwestlich von Mühldorf, einen Backenzahn und Knochen des Ur-Elefanten aus dem Alpenvorland. Der Paläontologischen Staatssammlung München gelang die Bergung des Skeletts und die Rekonstruktion des Knochenbaus in Lebensstellung mit Hilfe von Kunststoffabgüssen. (Foto Bayer. Staatssammlung für Paläontologie)

8 000 000

Gegen Ende des Miozän erfolgt eine Abkühlung, die wärmeliebenden Pflanzen verschwinden. Es behaupten sich weniger empfindliche Arten: Buchen, Eichen, Linden, Ahorne, Zypressen sowie alle Nadelhölzer.

5 000 000

Im Erdinnern bilden sich am Ende des *Altpliozän* die Speicherräume für *Erdgas* und *Erdöl*. Ursache sind tektonische oder stratigraphische Fallen, die Gesteinsveränderungen oder Faltungen bewirkt haben. Die Kenntnis darüber setzt mit dem Jahr 1954 ein, als in *Ampfing* erstmals Gas gefunden wird. Inzwischen haben mehr als hundert Aufschlußbohrungen das Wissen um die Molassebildung und Lagerung erweitert. Die bayerischen Vorräte werden bei Öl auf 1,2–1,6 Milliarden Tonnen und bei Gas auf 5 bis 6 Milliarden Kubikmeter geschätzt. Das tiefste Ölfeld der Bundesrepublik liegt in 4400 Meter Tiefe bei Darching an der Autobahn München–Salzburg. Das ausgeschöpfte Gasfeld Wolfersberg bei München ist mit 3000 Metern Tiefe der tiefste Gasspeicher der Erde (nach Rutte).

4 000 000

Das Meer weicht zur Zeit der Oberen Meeresmolasse endgültig aus Bayern zurück.

3 000 000

Erste Spuren des Frühmenschen. Nach heutiger Kenntnis unterscheidet ihn seit dieser Zeit vom Tier der Geist als Artmerkmal. Während beim Tier weiterhin der Instinkt die Handlungen bestimmt, lebt der Mensch nunmehr fortschreitend in einer selbstgeschaffenen Umwelt, seiner Kultur. Sein Erscheinen erfolgt spät, gemessen am Alter der Erde, im Quartär, dem Erdzeitalter, in dem wir leben. Verglichen mit dem Zeitablauf einer Uhr, taucht der Mensch fünf Minuten vor zwölf auf. Verglichen mit einem Kalender, tritt der Mensch im letzten Monat, Ende Dezember, auf.

2 500 000

Das große *Eiszeitalter* (Pleistozän) beginnt. Es dauert mit den eingeschobenen Warmzeiten bis 13 000 Jahre vor unserer Zeitrechnung. Die Glazialperioden werden nach einem Bach und vier Alpenflüssen benannt. Die Zeitangaben sind ungefähr und nicht unumstritten:

Biber-Kaltzeit	2 500 000 – 1 900 000
Biber-Donau-Warmzeit	1 900 000 – 1 600 000
Donau-Kaltzeit	1 600 000 – 1 400 000
Donau-Günz-Warmzeit	1 400 000 – 900 000
Günz-Kaltzeit	900 000 – 750 000
Günz-Mindel-Warmzeit	750 000 – 500 000
Mindel-Kaltzeit	500 000 – 350 000
Mindel-Riß-Warmzeit	350 000 – 290 000
Riß-Kaltzeit	290 000 – 120 000
Riß-Würm-Warmzeit	120 000 – 80 000
Würm-Kaltzeit	80 000 – 13 000

(Stand 1983)

Die Biber-Kaltzeit liegt im Ältestpleistozän, am Beginn des Eiszeitalters. Die erste Kaltzeitperiode ist nach dem Bach Biber, 15 km nordwestlich von Augsburg benannt.

Im Quartär, dem jüngsten Zeitabschnitt der Erdgeschichte, wird die bayerische Landschaft entscheidend durch das Eiszeitalter geformt. Einschneidende Klimaänderungen bewirken be-

Schneesterne. Spätestens mit Beginn der Eiszeit prägen die kleinen Kristalle mit das Landschaftsbild in den Kaltzeiten des Pleistozän sowie während der Wintermonate der Gegenwart. Die stärksten Schneefälle erfolgen in unseren gemäßigten Breiten, in denen die Luft viel Feuchtigkeit enthält. Der Wasserdampf gefriert bei Temperaturen von –4 bis –20°C zu Schneeflocken. Die vielfältigen Sternformen der Schneekristalle hängen von den Temperaturbedingungen während der Bildung ab. (Zeichnung: K. Prokop)

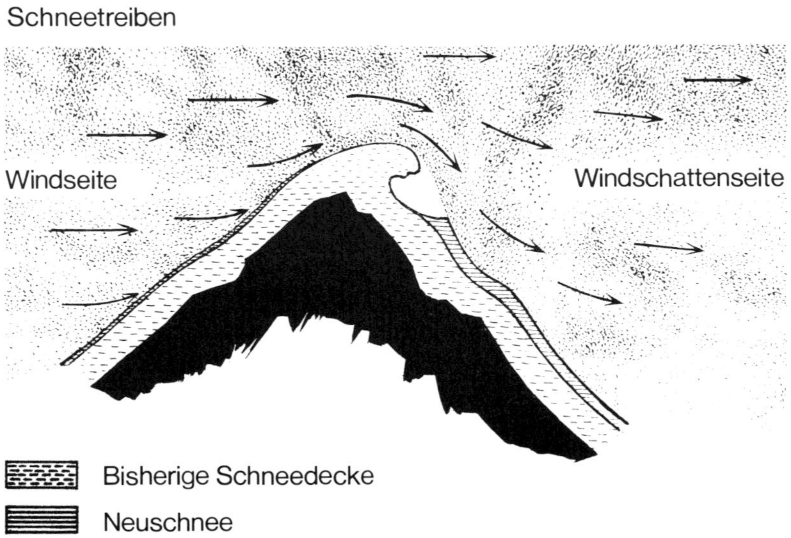

Zu Beginn der Kaltzeit fällt erstmals Schnee in den Alpen. Die vorherrschende Westtrift bewirkt, daß der Wind den Schnee über Kammlagen hinweg verfrachtet, so daß auf den Windschattenseiten im Osten sich Wächten bilden. Eigengewicht des Schnees und Temperatureinflüsse bewirken, daß über diese Leehänge mehr Lawinen abgehen als an den Windseiten (Luv) im Westen. (Zeichnung: K. Prokop)

Die Alpenbildung ist mit der Auffaltung des Kettengebirges vor 20 Jahrmillionen abgeschlossen. Die größte nunmehr folgende Veränderung im mitteleuropäischen Raum bewirkt das Pleistozän, die Eiszeit, die vor rund 2 Millionen Jahren einsetzt. Die Gletscher in der Hochregion erinnern an die Kaltzeitperiode. Im Bild der Faltenwurf des Schesaplanagipfels im Rätikon mit dem davor liegenden Brandnergletscher. Felsform und Eis sind typisch für die Hochalpen, wenngleich es sich hier um eine Neuvergletscherung handelt, da alle Eisfelder während des Atlantikums abschmolzen.

reits vor 2,4 Millionen Jahren das erste Auftreten kaltzeitlicher Tiere und Pflanzen. Der Mensch hat bis vor rund 7000 Jahren an der Entwicklung im Nordalpenraum keinen Anteil.

Die folgenden Kältevorstöße kommen aus dem polaren Norden und aus den Alpen. Die Gletscher wachsen, aus den Bergen kommend, und schmelzen in den Warmphasen wieder zurück. Es gibt keine gesicherten Hin-

In die Alpen zieht erstmals der Winter ein. Das subtropische bis tropische Klima ist in einem Jahrtausende währenden Wetterumschwung einer Kaltzeit gewichen. Die Eiszeit (Pleistozän) ist eingeleitet. Die Bergformen von damals haben sich, abgesehen von tektonisch bedingten Felsabstürzen, seither kaum verändert. Es ist wahrscheinlich, daß der Blick vom Grieskogel auf die Schönfeldspitze im Steinernen Meer schon vor Jahrtausenden dem dieser Aufnahme entsprochen hat. (Foto: A. Baumgartner)

weise, ob die Gegenwart ein Interglazial, eine zwischen zwei Eiszeiten eingelagerte Warmzeit (Interstadial) ist.

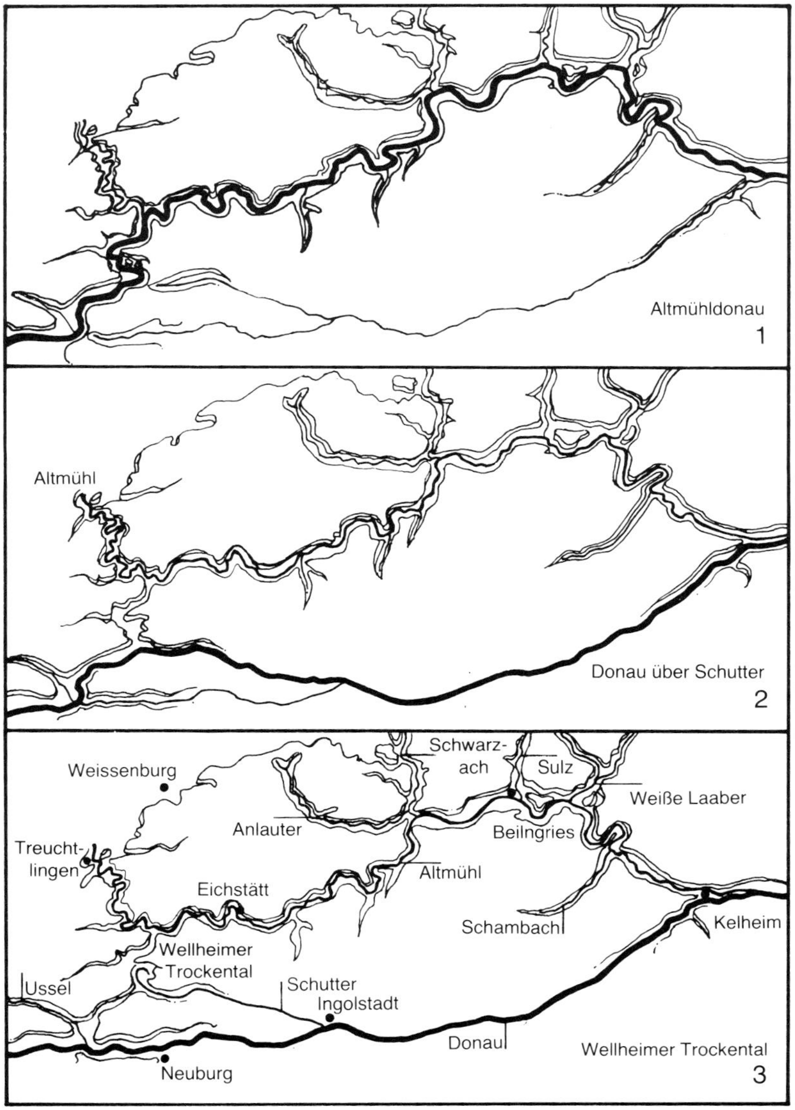

Die drei Flußbette der Donau. Die Anfänge ihrer Geschichte sind nicht bekannt. Vor Beginn des Eiszeitalters fließt die Urdonau in das Altmühltal von heute. Die Uraltmühl ist ihr Nebenfluß. In der Mitteleiszeit zapft die Schutter die Altmühldonau an und lenkt deren Lauf Richtung Ingolstadt-Kelheim. Die Altmühl-Donau-Laufstrecke fällt trocken. Was bleibt, ist das Wellheimer Trockental. Später bewirkt ein bei Ingolstadt mündender Nebenfluß den südlich gelegenen Lauf von heute. (Nach G. Viohl/Rutte)

Die *Iller* wandert während der großen Eiszeiten wiederholt und weist eine Westtrift auf. Sie fließt im Ältestpleistozän erst östlich und dann westlich der Dinkelscherbener Wasserscheide, wechselt im Altpleistozän ins Mindeltal und später ins Günztal, im Mittelpleistozän ins Rothtal und am Ende der Eiszeit in ihr Flußbett von heute. (Geologische Karte von Bayern, 1981.)

Der *Urmain* fließt im Vorstadium der Eiszeit, dem Ältestpleistozän, in die Urdonau. Der Flußlauf liegt im Westen des Frankenwaldes und entspricht etwa dem der Regnitz. Der Zusammenfluß erfolgt nach heutiger Kenntnis bei Dollnstein.

2 000 000

Mit der beginnenden Eiszeit endet der *Vulkanismus*, der nur in Nordbayern auftrat. Ursache waren Bruchstellen wie der Rheintalgraben. Wo sich solche Störungszüge kreuzten, wie am Pfahl, kam es zu Ausbrüchen. Der Parkstein bei Weiden ist der südlichste Vulkan. Die letzte vulkanische Tätigkeit erfolgt am Rehberg, wo die Aschenfälle entstehen, und bei Waldsassen. Die bayerischen Vulkanite sind Basalt, eine Ausnahme macht nur die Rückersbacher Schlucht im Vorspessart, wo Phonolit als Ergußgestein erscheint.

Der Obermain gewinnt den Anschluß an das Rheinsystem. Ursache ist eine Absenkung im We-

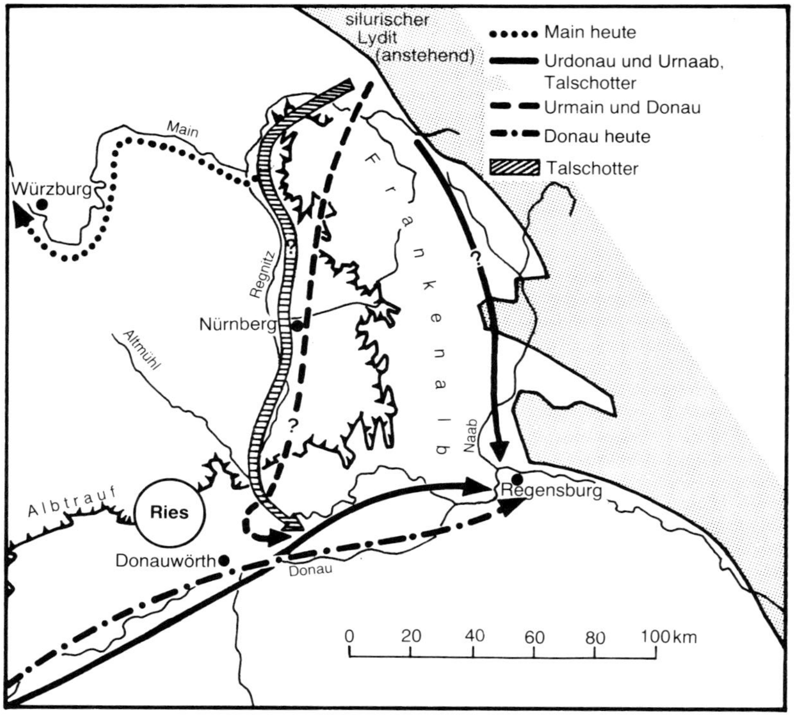

Flußgeschichte von Urmain und Urdonau. Der Urmain fließt ursprünglich zur Donau und gewinnt zu Beginn des Eiszeitalters den Anschluß an das Rheinsystem. Die Donau verändert mehrmals ihren Lauf, fließt aber stets Richtung Süden und gewinnt vor Regensburg Ende der Eiszeit ihr Flußbett von heute. (Nach W. Tillmanns 1979, E. Rutte 1981)

sten, so daß der bisherige Flußlauf Richtung Süden zur Donau angezapft wird.

1 000 000

Die ältesten Spuren des Vor-Menschen im Alpenraum stammen aus den südlichen Westalpen. Unter dem Einfluß des Mittelmeeres und bedingt durch die südliche Lage bleibt dieses Gebiet während der Kaltperioden eisfrei. Die in der Grotte du Vallonnet in den Alpes-Maritimes gefundenen Steingeräte – zu einer Spitze und Schneide gehauenes Hartgestein – sind, wie Knochen- und Pflanzenreste beweisen, im frühen Pleistozän in Gebrauch gewesen.

900 000

Die Temperatur sinkt im Jahresdurchschnitt um 8° C, die Schneegrenze fällt um 1200 Höhenmeter ab, so daß der Nieder-

Während der beginnenden Eiszeit reichen die Gletscher wiederholt bis unter die Gipfel der nördlichen Kalkalpen. Auf der Aufnahme, die in Richtung Süden die Vorstellung des Inngletschers vermittelt, entspricht die Wolkendecke etwa der Obergrenze des Eises zur Zeit der Hauptvergletscherung.

schlag während der Glazialzeiten auch in den Tallagen der Alpen ganzjährig als Schnee liegenbleibt.

Der Raum zwischen den Alpengletschern und der Südgrenze des nordischen Inlandeises ist eine Tundra. Der Boden ist bis in größere Tiefen gefroren (Permafrost), wie heute in Alaska und Sibirien, und taut nur im Sommer an der Oberfläche 1–1,5 m auf. (Geologische Karte von Bayern, 1981.)
Durch Spaltenfrost bilden sich die Blockmeere.

800 000

Die Alpentäler können die Eismassen der im Wachsen befindlichen Gletscher nicht mehr fassen. Das Eis dringt ins nördliche Vorland, wo sich Lechgletscher, Loisach-Isargletscher, Inn-Chiemseegletscher und der Salzachgletscher fächerförmig ausbreiten.

Der *Bayerische Wald* liegt mit seinen Gipfeln im Eiszeitalter während der Kälteperioden unter einer geschlossenen Firneisdecke.

Die *Günzeiszeit* wird von einer Wärmezeit, dem Günz-Mindel-interglazial (750 000–500 000) abgelöst. Vor der Günzeiszeit werden die Donau- und Biber-Kaltzeiten erkannt.
Es beginnt in der Menschheitsgeschichte die Alt-Altsteinzeit, für die es zwischen Alpen und Donau aber keine Spuren gibt.

750 000

Flora und Fauna des *Eiszeitalters* sind vermutlich reicher als der Forschung bis heute bekannt ist, da zwischen den Kaltzeiten immer wieder Jahrtausende währende Warmzeiten (Interglaziale) eingeschoben sind, wie wir sie möglicherweise auch im Holozän, in der Gegenwart, erleben. Die in den folgenden Kapiteln genannten Pflanzen und Tiere des Pleistozän sind durch Restfunde oder Versteinerungen nachgewiesen.

Während der Eiszeit werden die Alpen in den Wärmeperioden (Interglazialzeiten) auch eisfrei gewesen sein, da die Temperaturen in verschiedenen Warmzeiten höhere Jahresmittel erreichten als heute.

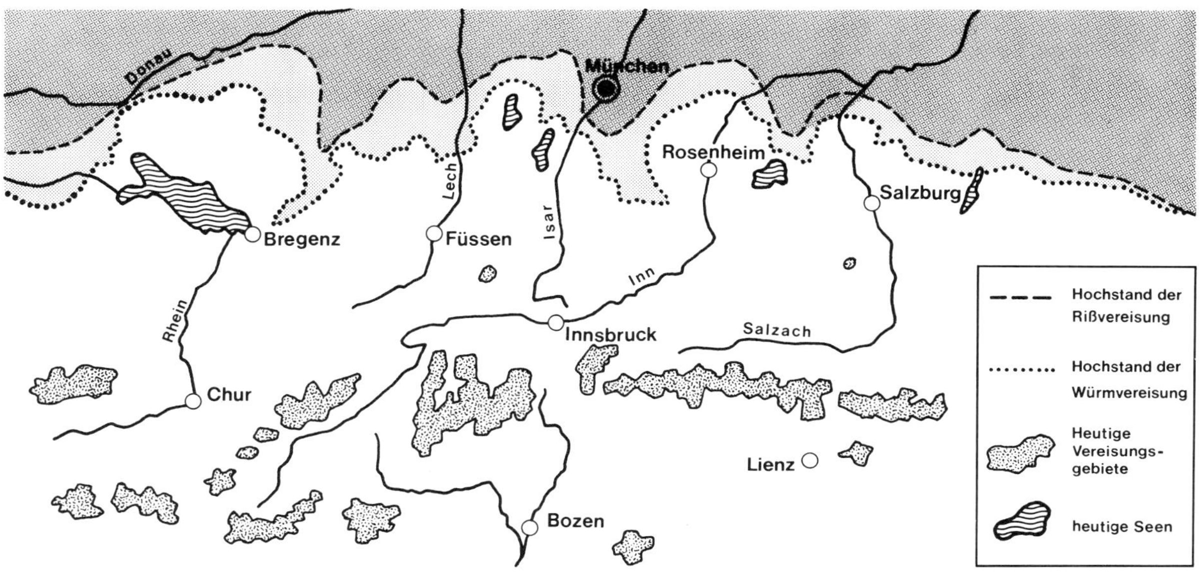

Die Gletscher im Alpenraum während der Eiszeit und heute. (Nach: Die Münchner Landschaft)

600 000

Der *Heidelbergmensch* (homo erectus heidelbergensis), gefunden in Mauer bei Heidelberg (1907), ist der bisher erste Nachweis eines Vor-Menschentyps in Deutschland. Er lebte hier wahrscheinlich in einer Warmphase der Mindeleiszeit.

500 000

Die *Mindel-Kaltzeit* folgt der Wärmeperiode des Günz-Mindel-Interglazials. Die Vereisung erreicht in der Alt-Pleistozän genannten Phase einen ersten Höhepunkt. Das Alpenvorland gleicht einer Eiswüste. Die Alpen unterscheiden sich im Aussehen wenig von einem Polargebirge, wenngleich ihre höchsten Gipfel eisfrei bleiben.

Der *Vielfraß* (Gulo gulo) ist im Alpenbereich erstmals nachgewiesen. Die den Mardern verwandte Art hat sich spätestens mit der Erwärmung des Klimas nach der Würmeiszeit nach Nordeuropa zurückgezogen. Der deutsche Name ist irreführend. Vielfraß ist eine Verballhornung des altnordischen »Fjeldfross« und bedeutet Felsenkatze. Rentierkälber zählen damals wie heute zur Beute des Raubtiers.

475 000

Die Moränen des *Rheingletschers* ragen bis in das bayerische Alpenvorland herein. Auch Iller- und Wertach-Lech-Vorlandgletscher erfahren während der Mindeleiszeit ihre größte Ausdehnung. Ebenso der Inn-Chiemsee-Gletscher, im Gegensatz zum Loisach-Isar-Vorlandgletscher, der erst zur Rißeiszeit am weitesten nach Norden vordringt. (Geologische Karte von Bayern, 135:1981.)

400 000

Vergleich: Erster Nachweis von Menschen, die Geräte herstellen können. Der *Pekingmensch* (Pithecanthropus pekinensis) entspricht im Körperbau bereits weitgehend dem Menschen von heute. Er ist Kannibale (Menschenfresser) und bevorzugt als Jäger und Sammler tierische Kost, was ihn von den Menschenaffen unterscheidet, die meist Pflanzenfresser sind.

350 000

Der *Homo sapiens* (vernunftbegabter Mensch) ist fossil nachweisbar. Aus der zwischen Mindel- und Rißeiszeit bestehenden Warmzeit (Holstein-Interglazial) hat sich ein Menschenschädel erhalten, der nach seinem Fundort *Steinheim*, Baden-Württemberg, Homo praesapiens steinheimensis genannt ist. Er ist nach dem fast doppelt so alten Heidelberger Fund der zweite Nachweis eines frühgeschichtlichen Menschentyps auf deutschem Boden.

300 000

Während der zwischen Mindel- und Rißeiszeit eingelagerten warmen Periode bewirkt verfestigter Delta-Schotter das Konglomerat des Nagelfluh. Er tritt am Biberkopf bei Brannenburg und am Mönchsberg in Salzburg auf. Auf einem Nagelfluhfelsen ist das Dorf Anger bei Bad Reichenhall gebaut, das König Ludwig I. »das schönste Dorf« Bayerns genannt hat. Nagelfluh erhält durch Kristallinanteile sein buntes Aussehen.

290 000

Die *Riß-Kaltzeit* löst im Mittelpleistozän die Wärmeperiode des Mindel-Riß-Interglazials ab. Wiederum gleicht das Alpenvorland einer Polarwüste. Die Rißvereisung ist noch immer an Moränen ablesbar, die bis über die Höhe von München hinausreichen. In den Alpen steigen die Gletscher wieder bis unter die Gipfel auf.

270 000

Während der vorletzten, der Rißeiszeit bedeckt die Zunge des *Inngletschers* noch 2300 Quadratkilometer (1600), die des Salzachgletschers 1700 (1100) und die des Chiemseegletschers 470 Quadratkilometer (440). (Die Zahlen in Klammern entsprechen der Eisausdehnung während der jüngsten, der Würmeiszeit). Inn- und Salzachgletscher sind während ihrer größten Entfaltung im Vorland

Mit dem Absinken der Temperaturen während des Eiszeitalters bilden sich erst auf den Firnfeldern der Hochgebirge, später auch in den Tälern und Niederungen Gletscher. Ihre Ströme formen die ersten Straßen, die später Flüsse bilden und in den Tallagen dem Menschen als Verkehrswege dienen. Die Aufnahme zeigt ein Walliser Gletscherfeld im Sommer. Es ist wahrscheinlich, daß in manchen Wärmeperioden der Interglazialzeiten die Alpengletscher vollkommen abgeschmolzen waren, da die Temperaturen wiederholt höher lagen als im Holozän, der geologischen Gegenwart.

mächtiger als alle heute noch bestehenden Alpengletscher zusammen, die 3800 Quadratkilometer bedecken (Münichsdorfer).

Die *Ur-Donau* verläßt während der Rißeiszeit das Schuttertal. Zurück bleibt ein ausgeschwemmtes Korallenriff der Jurazeit. Es ragt als Inselfelsen im trocken gefallenen Flußbett auf. Im Riff vermutet der Ausgräber K. H. Rieder ein artesisches Karstwasser, das bereits Menschen der mittleren Steinzeit zur Siedlung angeregt haben kann. Der »*nasse Fels*«, dessen aktiver Quelltopf bis ins 5. Jahrtausend v. Chr. nachgewiesen ist, diente, wie Steinwerkzeuge belegen, im frühen Mesolithikum den Fischern. Unter den gefundenen Tierknochen sind erstmals solche eines Pferdes, was auf eine frühe Zähmung von Wildpferden schließen läßt.

Die Ur-Donau fließt nicht mehr wie bisher hinter Donauwörth nordwärts durch die Alb, das Wellheimer Tal und das Altmühltal, um bei Kelheim wieder in das heutige Urstromtal zu münden. Die Ursache ist nicht erwiesen. Nach der Eiszeit beginnt der Strom, sich sein heutiges Bett zu graben, verursacht durch ein Heben der Albtafel.

200 000

Die *Gletscher* erreichen in Europa die größte Ausdehnung. Sie erstrecken sich von Skandinavien über Norddeutschland bis zum Nordrand der deutschen Mittelgebirge. Von den Alpen ausgehend reichen die Eisfelder bis über die Donau hinauf. Schwarzwald, Vogesen und Nordpyrenäen sind vereist. Mitteleuropa entspricht zu dieser Kaltzeit den baumfreien Tundren Kanadas, Sibiriens und Grönlands von heute.

150 000

Am Ende der Rißeiszeit lassen die abschmelzenden Gletscher einen Schottergürtel im Alpenvorland zurück. Auf solchen Moränenrücken liegen im nördlichen Chiemgau u. a. Schnaitsee, Emertsham und Kirchberg.

Mit der *Steinzeit* (Paläolithikum) beginnt der älteste und längste Zeitabschnitt der bisher bekannten Menschheitsgeschichte in Bayern. Er dauert mehr als 148 000 Jahre und reicht bis zum Beginn der Bronzezeit um 2000 v. Chr. Der grobgehauene Faustkeil aus Feuerstein ist, vielfach auch als Waffe genutzt, eines der wichtigsten Geräte der Menschen während der Alt- und Mittelsteinzeit (Paläolithikum und Mesolithikum). Die Steinzeit ist nach dem »werkzeugherstellenden Menschen« (B. Franklin) benannt, der sich mit primitivem Gerät behilft. Die ersten Spuren des Menschen finden sich in Bayern im Jura.

In der Further Senke findet im 19. Jahrhundert ein Bauer mit dem *Pösinger Faustkeil* den ersten Nachweis für den Menschen in Bayern. Der Quarzit-Stein ist behauen und stammt aus dem Acheuléen, einer Epoche der

Erster Nachweis von Menschen in Bayern.

Faustkeil von Pösing im Bayerischen Wald in drei Ansichten, Höhe 15, Breite 9,5, Stärke 5 cm. (Bayerische Vorgeschichtsblätter, 27/1962)

Altsteinzeit, deren Name sich auf den nordfranzösischen Ort St. Acheul bezieht, wo seit 1854 insgesamt 50 000 behauene Steinwerkzeuge dieser Art gefunden wurden.

Der Samerberger See mit der Wendelsteingruppe im Hintergrund während eines Interglazials (Warmzeit) im Pleistozän (Eiszeitalter). Vor 300 000 Jahren sind hier Waldzeiten nachgewiesen. Der See, den es noch nach der letzten (Würm)Eiszeit gab, wurde durch einen Hangrutsch entwässert. Die Flutwelle überspülte die Uferschwelle und bewirkte einen Dammbruch, so daß das Wasser ins Inntal (Nußdorf) abfloß. (Zeichnung: Helga Stein)

135 000

Der Menschentyp des *Neandertalers* lebt in der Altsteinzeit in Europa. Erstmals nachgewiesen im Neandertal bei Düsseldorf (1856) durch Reste eines Skeletts. Der Neandertaler ist danach von kleinem Wuchs, hat starke, vorstehende Augenwülste, eine niedrige Stirn und fliehendes Kinn. Sein Erscheinen ist auf den eisfreien Landschaftsraum beschränkt.

120 000

Zwischen Riß- und Würmeiszeit ist eine Warmzeit (Interglazial) eingelagert. Den ersten und lange Zeit alleinigen Nachweis in Bayern erbrachte ein Radiokarbontest an einem Torfband in der Kiesgrube Hörmating bei Tuntenhausen (Ebers). Die Bohrungen im Samerberger Profil förderten mittlerweile verschiedene Pflanzenreste aus dieser Interglazialperiode zutage.

In der letzten Wärmeperiode ist das Klima zuweilen wärmer als heute. Am Nordalpenrand gibt es jedoch keinen Nachweis für ein Auftreten des Menschen. Spuren des Menschen in Bayern tauchen dagegen wiederholt gegen Ende der vorletzten (Riß)-Eiszeit auf. Dieser erscheint als nomadischer Fischer, Jäger und Sammler. Zeugnisse sind Gerätschaften aus Feuerstein, Silex (Hornstein) und Knochen sowie einteilige Waffen und Werkzeuge. Die Fundorte liegen nördlich der Donau, in den Klausenhöhlen bei Essing, Landkreis Kelheim und in den Weinberghöhlen bei Mauern, Landkreis Neuburg.

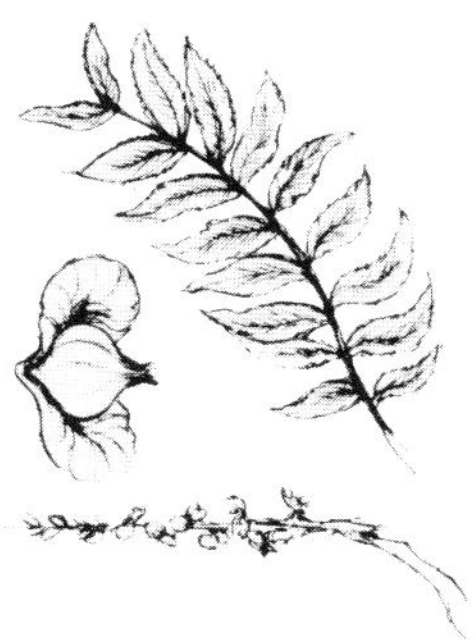

Die Flügelnuß (Pterocarya) zählt im Eiszeitalter während einer Waldzeit vor rund 250 000 Jahren zu den in Mitteleuropa nachgewiesenen Gehölzen: Tanne (Abies), Buchsbaum (Buxus) und Buche (Fagus). Hygrisch und thermisch empfindlich, erweist sie sich als Klimazeiger. Danach war damals, zur Holsteinzeit, das Wetter milder als heute. Der Vegetationsnachweis glückte 1981 auf dem Samerberg bei der Max-Pröbstl-Bohrung. Blätter, Blütenstand und Frucht der Flügelnuß. (Zeichnung Helga Stein)

In den Nadelwäldern wachsen Föhre, Wacholder, Fichte und Tanne. Eiche, Linde, Ulme und Ahorn sind die vorherrschenden Laubbäume. Hirsch und Reh, Eichhörnchen und Siebenschläfer zählen mit Vögeln zur Warmzeitgesellschaft. Ausgestorben

Serbische Fichten (picea omorica) gehören zum Landschaftsbild des Samerbergs während der zwischen Riß- und Würmeiszeit gelegenen Warmzeit. Der Privatgeologe Max Pröbstl hat um 1975 den Baum durch einen Zapfen als Großrest im Sediment eines Samerberghangs nachgewiesen. (Zeichnung Helga Stein in »Der Samerberg im Eiszeitalter«, 1982).

sind Waldelefant, Flußpferd und das doppelhörnige Waldnashorn.

Vergleich Der Magnetpol erfährt an der Wende von Riß- und Würmkaltzeit die letzte Verlagerung, deren Ursachen unbekannt sind.

100 000

Löß und *Sandlöß* sind im Eiszeitalter die bedeutendsten Ablagerungen, die der Wind verfrachtet. Aus den nach Osten und Nordosten orientierten Terrassen- und Tallagen ist bereits die atlantische Westtrift ersichtlich. Die äolischen Sedimente bilden die Deckschichten der großen Lößgebiete in Bayern: Es sind das gletscherfreie Alpenvorland bis zur Donau sowie große Teile Frankens. Die Landschaft im Norden der Donau ist mit 650 Millimeter Niederschlag im Jahr trocken. Der mittlere Bereich südlich der Donau ist mit 650–850 Millimeter N/Jahr mäßig feucht. Die Decklehmlandschaft des Alpenvorlands ist im Bereich der 900 Millimeter-Niederschlagslinie (Memmingen-Landsberg-München-südl. Mühldorf-Burghausen) feucht.

80 000

Mit der *Würmeiszeit* bricht die bisher letzte Kaltzeit an. Der Hauptvorstoß der Würmvereisung setzt erst vor ca. 25 000 Jahren ein. Sie bestimmt das Jung-

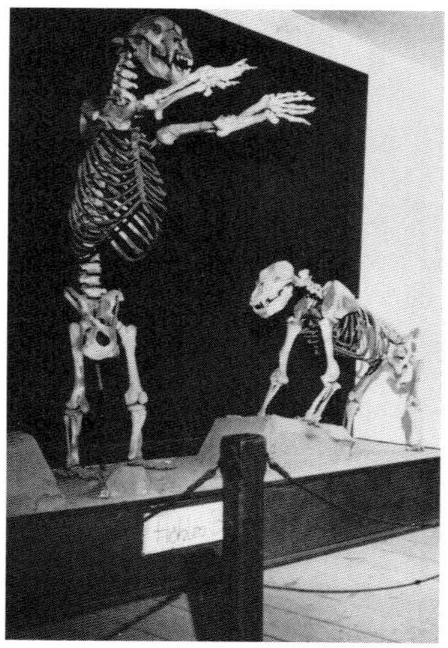

Blick in und aus der Tischoferhöhle (= Die Schoferhöhle) im Kaisertal bei Kufstein. In der Mitte zwei von den 300 bis 400 Höhlenbären, deren Skelette um die Jahrhundertwende im Höhlenlehm entdeckt worden sind. Die Zeitbestimmung, wann die bis zu 2,5 m großen Sohlengänger hier gelebt haben, schwankt zwischen dem Riß-Würm-Interglazial (120 000–80 000) und dem Ende der Würmeiszeit. Zur Tischofer Höhlenfauna gehören Höhlenlöwen und Höhlenhyänen, Rentiere, Füchse, Wölfe, Steinböcke, Gemsen und Murmeltiere. Die große Zahl von Skelettresten junger Tiere läßt vermuten, daß die Bären von prähistorischen Menschen erlegt worden sind. (Heimatmuseum Kufstein, Burg)

pleistozän, den Anfang des gegenwärtigen Erdzeitalters. Die Gletscher erreichen in den Alpen nicht mehr die Höhen wie zu den Riß- und Mindeleiszeiten. Der Vereisungsgürtel bleibt im Alpenvorland hinter dem der Rißeiszeit zurück. Alle heutigen Seengebiete vor München sind noch Polarwüste.

Die Sesselfeldgrotte bei Neuessing an der Altmühl ist zu Beginn der Würmeiszeit bereits Lager- und Wohnplatz von prähistorischen Menschen. Die Halbhöhle bietet sechzig Quadratmeter Raum und wird auch nach der Eiszeit wieder von steinzeitlichen Jägern genutzt. Seit 1964 hat die Universität Erlangen hier Hunderttausende von Fundstükken geborgen, die einen Zeitraum von zumindest 70 000 Jahren einschließen. Weitere Erkenntnisse des frühen Steinzeitmenschen stammen aus dem flußabwärtsgelegenen Großen und Kleinen Schulerloch sowie der Höhle von Münster bei Straubing.

Die Unterkünfte der in Nordbayern nachgewiesenen Menschen der *Altsteinzeit* bestehen aus Felsdächern (Abris), Windschirmen, Halbhöhlen und Höhlen. Erste Formen von Zelten sind wahrscheinlich, jedoch nicht erhalten. Tierfelle und -häute sind die ältesten Kleidungsstükke. Erst in der Jungsteinzeit werden im Nordalpenraum um 4000 v. Chr. Stoffe aus Schafwolle durch Spindeln und Wirteln, einer frühen Form des Webens, gewonnen.

Der *Speckberg* bei Nassenfels, Landkreis Eichstätt, dient den Jägern der Altsteinzeit als Freilandstation. Der über dem Tal der Schutter gelegene Plateausporn ermöglichte ihnen die Beobachtung des vom Jura herab zur Tränke kommenden Wildes. Der 1961 von C. Böhme anhand von abgeschlagenen Feuersteinteilen entdeckte Jagdsitz ist der bisher älteste Nachweis eines Freiplatzes in Bayern. Spuren von 30 000 Gerätschaften und Hornsteinklingen sowie einige hunderttausend Abfallstücke lassen auf eine lange und vielseitig genützte Niederlassung schließen.

Das *Urwildpferd* (Equus przewalskii) läßt sich vom Eiszeitalter bis in die Gegenwart verfolgen. Es war zuletzt in der südlichen Mongolei in freier Wildbahn nachzuweisen. In direkter Folge ist die Neuzucht der Unpaarhufer geglückt, so daß es 1983 rund 400 Urwildpferde in Zoos, darunter München-Hellabrunn, gibt. Zur Eiszeit sind die Wildpferde Hauptbeute der paläolithischen Jäger. Aus dem Solutréen, einer Kulturstufe der Alt-Altsteinzeit, stammen Knochenfunde von 100 000 Urwildpferden. Fundorte sind Solutré (Frankreich) und Gönnersdorf.

Das Urwildpferd (Przewalskiipferd).

75 000

Während der letzten Vergletscherung bauen die vorstoßenden und zurückweichenden Eismassen das Mittelgebirge der *Inntalterrassen*. Es sind bis zu 200 m mächtige Ablagerungen von Vorstoßschotter.

60 000

Der *Faustkeil* ist noch immer das gebräuchlichste Werkzeug, nachgewiesen unter anderem auf dem Speckberg bei Nassenfels während der zweiten Besiedlung zwischen 70 000 und 50 000 v. Chr. In dieser Zeit sinken die Temperaturen weiter ab und nähern sich jenen des ersten Kältemaximums der Würmeiszeit um circa 50 000 v. Chr.

50 000

Der *Homo sapiens* erscheint in seiner heutigen Gestalt. Er lebt nicht mehr auf Bäumen, sondern ausschließlich auf der Erde und bewegt sich aufrecht auf zwei Beinen fort. Seine Augen sind nach vorne gerichtet, was ihnen die Sicherung und Orientierung nach allen Richtungen ermöglicht. Die Vordergliedmaßen (Arme und Hände) sind nicht mehr zur Fortbewegung notwendig, sie können u. a. zur Herstellung von Werkzeug verwendet werden. Mit zunehmendem Gewicht des Gehirns entwickeln sich die Stimmen zu frühen Sprachformen, mit deren Hilfe sich die Menschen verständigen, Erfahrungen mitteilen und Kinder unterweisen können.

45 000

Der *Höhlenbär* (Ursus spelaeus), um ein Drittel größer als der Braunbär, ist zu Beginn der Würmeiszeit weit verbreitet, ebenso die *Höhlenhyäne* (Hyaena spelaea), die besonders in der Diluvialzeit in Mitteleuropa auftritt, aber noch vor Mammut und Wollnashorn ausstirbt.

40 000

Der Neandertaler, der das eisfreie Europa, Nordafrika und Vorderasien besiedelt hat, wird durch den *Cromagnonmenschen* (benannt nach dem Fundort Cro-Magnon) verdrängt. Die Herkunft ist unbekannt. Der Typ gilt heute als der unmittelbare Vorfahre aller Menschen. Erstmals sind künstlerische Arbeiten im Alpengebiet gesichert. Die Eiszeithöhle Lascaux in der Dordogne, Westfrankreich, birgt Höhlengravierungen und Höhlenmalereien des Cromagnonmenschen.

Das *Werkzeug* zeigt einen Wandel auf. Den großen Faustkeilen folgen kleine sowie Schaber, nachgewiesen am Speckberg bei Nassenfels während der zweiten Besiedlung. Das Werkzeug wird vielfältig.

35 000

Der älteste Nachweis einer künstlerischen Arbeit auf deutschem Gebiet stammt von Cromagnonmenschen aus der Höhle Geißenklösterle in der Schwäbischen Alb. In dem bei Blaubeuren befindlichen Unterschlupf der Eiszeitmenschen wird seit Mitte des 20. Jahrhunderts nach fossilen Funden gegraben. Hier entdecken Archäologen der Tübinger Universität 1983 eine 2,5 cm große Plastik aus Elfenbein, die ein Tier darstellt. Das Fundstück wird als Amulett, Fruchtbarkeitszauber oder als Gottheit (Müller-Beck) gedeutet.

Die Rote von Mauern, eine Kalksteinstatuette der jüngeren Altsteinzeit aus den Weinberghöhlen bei Mauern, Landkreis Neuburg an der Donau. Die mit Rötel bemalte Gestalt mißt 7 cm und ist die früheste bekannte Frauenplastik in Bayern. (Prähistorische Staatssammlung München)

25 000

Die Würmeiszeit hat ihren Höhepunkt erreicht. Der Boden bleibt im Alpenvorland auch im Sommer eisbedeckt. Im Donauraum führen kurze Vegetationsperioden zu einer Zwergstrauch- bis Flechtentundra.

Der *Inngletscher* erreicht seine größte Ausdehnung und lagert im *»Kirchseeoner Stadium«* die Hauptendmoräne ab, die den äußersten und höchsten Wall bildet. Vom Alpenhauptkamm am Brenner herabkommend, ist der Eispanzer am Gebirgsrand noch sechshundert Meter, in Höhe von Rosenheim noch vierhundert Meter, mächtig. Das Gefälle beträgt in Richtung Norden zehn Meter pro Kilometer.

20 000

Das *Steinerne Meer* liegt unter einem Plateaugletscher. Lokalgletscher bilden sich in den Kars des Hohen Göll, im Lattengebir-

Bild links: Vergleichsbild: Der Alaspina-Gletscher in Alaska um 1980 bietet einen ähnlichen Eindruck wie der eiszeitliche Inngletscher. Die erdgeschichtliche Situation des vergletscherten Kettengebirges in der Arktisregion entspricht sowohl in der Formation als auch in der Vergletscherung weitgehend den Alpen vor mehr als 20 000 Jahren. Wie sich der Alaspina-Gletscher hier durch ein Gebirgstor ausbreitet, so drang der Inngletscher im Pleistozän ins Alpenvorland vor: Damals bildete sich aus seinen Schmelzwassern der Rosenheimer See. (Geologisches Landesamt, Rosenheimer Ausstellung 1983)

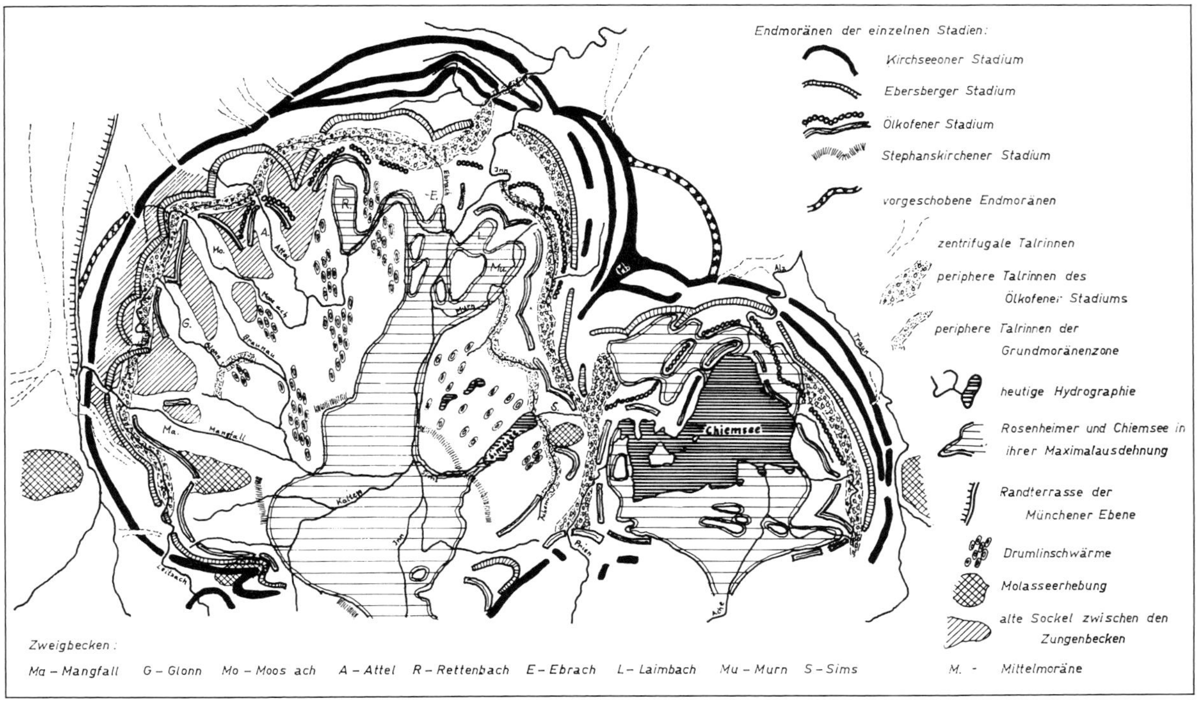

Der Inn-Chiemseegletscher mit den Endmoränen der einzelnen Stadien vor 25 000 Jahren. Dargestellt ist auch die größte Ausdehnung des am Ende des Glazials erscheinenden und heute vom Inn entwässerten Rosenheimer Sees sowie des Chiemsees. (Morphographische Karte nach Carl Troll)

ge, auf der Reiter Alm und am Untersberg.

In den Berchtesgadener Höhlen setzt das Wachstum der *Tropfsteine* für die Dauer von 7000 Jahren bis 13 000 v. Chr. aus. Die Unterbrechung ist nach C14-Bestimmungen auf das Kältemaximum der Würm-Eiszeit zurückzuführen.

Der *Mensch* der jüngeren Mittelsteinzeit (Magdalénien-Stufe, nach französischem Fundort benannt) wird in Bayern nachgewiesen. Bei Ansbach und Lichtenfels sind Spuren überliefert, darunter eine Wohngrube mit Feuerstelle und Speiseabfällen von Fischen und Muscheln.

Zur Steinzeit (bis 2000 v. Chr.) verwenden die Menschen nur *Geröllgeräte* als Handwerkszeug. Es reicht vom Stein, der eine handgerechte Form besitzt bis zum Faustkeil, der vermutlich mit härterem Material behauen worden ist. Das Steingerät eignet sich bereits zum Schneiden, Stechen, Bohren, Sägen und Schaben. Die Feuersteinknolle dient ihrer Härte wegen als Faustkeil.

Die arktisch-alpinen Pflanzen wandern ein, insgesamt 125 Arten.

Die Menschen der Altsteinzeit sind noch *Kannibalen*. Vor allem Frauen und Kinder dienen als kultische Menschenopfer, nachgewiesen in der Jungfernhöhle, nördliche Frankenalb.

18 000

Die *Würm-Eiszeit* hat ihren Höhepunkt überschritten. Im Inntal reicht der Eisrand des Gletschers am Trainsjoch bis 1500 Meter Seehöhe (nach Penck) herauf. Bei Kufstein soll die Eisgrenze (nach von Klebelsberg) sogar bei 1600 Metern Seehöhe gelegen haben. Die Bergspitzen des Trainsjoch sowie des Großen

Der Eisstand des Inntalgletschers schmilzt am Ende der letzten Eiszeit, vor rund 20 000 Jahren, von 1600 m Seehöhe bei Kufstein, mit dem wärmer werdenden Klima langsam ab. Die Winteraufnahme vom Erler Berg vermittelt eine Vorstellung von der damaligen Situation. Die Wolkendecke (um 800 m) entspricht einem Eisstand am Ende der Würmeiszeit. Zwischen dem Zahmen Kaiser links im Bild und dem Pendling (rechts) liegt das Inntal.

und Kleinen Traithen und des Brünnsteins ragten jedoch auch zur Zeit des Hochstandes aus dem Eis heraus. Die durchschnittlichen Temperaturen liegen im Sommer 8–10° C unter den heutigen Werten.
Der Inngletscher bildet in der zweiten Rückzugsphase die Endmoränenwälle des Ebersberger Stadiums.

Es kommt zur Umkehr der Hydrographie, die Flußläufe verändern ihre Laufrichtung und fließen zum Zentrum des Gletschers hin. Es erfolgt die zentripedale Entwässerung, nachdem die Endmoränen den Flüssen den Weg nach Norden zur Donau verwehren und das Gefälle zum Stammbecken größer ist. Die Flußläufe knicken am Moränenwall ab oder durchbrechen ihn. So fließt die *Mangfall* nicht mehr nach Norden in die Isar und Donau, sondern seither mit Knick am Mangfallknie in das Stammbecken des Rosenheimer Sees.

17 000

Der *Inngletscher* ist weiter auf dem Rückzug. Er bildet im Ölkofener Stadium die nächstjüngere Rückzugsphase.

16 000

Schmelzende Gletscher formen das Bild der Landschaft. Die großen Nordalpentäler erhalten durch den Eisstrom ihre heutige Form. Das Flußbett von Salzach, Saalach, Inn, Loisach, Lech und Iller wird beträchlich ausgeweitet. Die ursprünglich von fließenden Wassern eingeschnittene spitze V-Form der Täler wandelt sich unter dem Eishobel zu einer trogartigen U-Form. Die vom Eisfluß weniger ausgeschabten Seitentäler münden nunmehr hoch über dem Hauptflußtal. Ihre Wasser werden in Klammen gepreßt oder stürzen bis heute in Wasserfällen ab.

Der Gletscherschliff des Wettersteinkalks im Inntal mit Rinnen, Rundhöckern, Schrammen, Klüften und Schüsseln. Die Felsenbarre zwischen Oberaudorf und Nußdorf erhält spätestens beim Rückzug des Würmzeitgletschers ihre heutige Form. Der Gletscherschliff wird beim Bau der Inntalautobahn freigelegt und in Nordsüdrichtung durchschnitten. Im Hintergrund (unteres Bild) das 1365 m hohe Kranzhorn, ein Berg des Hauptdolomits.

Die Gletscher weichen aus dem Alpenvorland ins Hochgebirge zurück. Ihre Schmelzwasser bilden am Alpenrand Stammbecken, von denen das des Rosenheimer und des Salzachsees später durch Inn und Salzach entwässert werden und verschwinden.

15 500

Die letzte Eiszeit klingt ab. Der im Zeitraum von 2,5 Millionen Jahren erfolgte wiederholte Wechsel von Warm- und Kaltperioden hat das Landschaftsbild bestimmend geprägt. Erneut wandeln sich Fauna und Flora.

15 000

Das *Holozän* (neuere Bezeichnung für Alluvium) beginnt und mit ihm die erdgeschichtliche Gegenwart, der Zeitabschnitt, in dem wir leben. Geologisch umfaßt er alle Ablagerungen seit der Eiszeit.

Nach dem Rückzug des Eises beginnt die Bodenbildung. Frost und Temperaturwechsel sprengen das Felsgestein, es bildet sich Schutt. Ton und Mergel bewirken lehmigen Boden, Sandsteine führen zu sandigen Böden. Kalkstein reichert Lösungsrückstände an und bildet »Alpenhumus«. Die *Steine* bilden sich – mit Ausnahme von Dolomit und Kalkstein – wieder zurück in ihre Ausgangsformen vor der chemisch-physikalischen Umwandlung (Diagenese).

Der bayerische Nordalpenrand am Ende der Würmeiszeit, ungefähr vor 15 000 Jahren. Der abschmelzende Gletscher weicht in das Bergland zurück, dessen Gipfel (im Hintergrund) immer eisfrei waren. Flüsse speisen die als Zungenbecken ausgebildeten Seen. Der Schutt- und Moränenkranz ist von einer Schmelzwasserrinne durchbrochen, die zur Donau fließt. Lech-, Rosenheimer- und Salzachsee werden auf diese Weise vollkommen entleert. Alle anderen Gletscherseebekken wie Ammersee, Starnberger See und Chiemsee schrumpfen bis auf den heutigen Tag. Die Toteiskessel sind als Seen noch nicht erkennbar. (Schemazeichnung nach Georg Wagner)

Der *Rosenheimer See* erreicht seine größte Beckentiefe im Stammbecken des Inngletschers. Der Tiefenschurf südwestlich von Neubeuern liegt bis zu dreihundert Meter unter dem Oberflächenniveau von heute. Die Hohlform ist mit Seeton, Sand und Kies ausgefüllt. Der Seespiegel von dreihundert Quadratkilometern Fläche erstreckt sich fünfzig Kilometer weit, von Kufstein bis Wasserburg. Im Norden bilden die fünfhundert Meter Höhe kaum übersteigenden würmeiszeitlichen Moränen einen natürlichen Stauwall, der nur zwanzig Meter den Seespiegel überragt. Der Eissee mit triftenden Schollen hat bei Urfahrn gegenüber Gabersee einen Überlauf, dem später der Inndurchbruch bei Wasserburg mit den Mäandern folgt (Nach O. Ganss).

Das abschmelzende Tauerneis erreicht den *Paß Thurn,* die in 1273 Meter Höhe gelegene Grenzscheide zwischen Tirol und dem Salzburger Pinzgau. Es überschiebt die Bergschwelle und gelangt in das Tal der Kitzbüheler (Kössener-, Tiroler)

Der Chiemsee am Ende der Würmeiszeit vor 15 000 Jahren mit Blick ins Tal der Tiroler Ache. Im Vordergrund die Härteriegel von Wester- und Osterbuchberg, links die Hochgerngruppe, rechts Hochplatte und Kampenwand-Ost mit ihren Vorbergen. Im Mittelgrund das Bergland zwischen Oberwössen und Schleching, dahinter das Kaisergebirge. Fjordartig reicht die Seefläche bis in Höhe von Marquartstein in das Alpental hinein. (Zeichnung nach Lore Ganss)

Ache. Der Talgletscher bildet sich früher schon am Nordalpenrand zum Vorlandgletscher aus. Sein stark übertieftes Stammbecken füllt nach Abschmelzen des Eises den Chiemsee. An dem Tiefenschurf haben alle vier großen Eiszeitperioden Anteil.

Die Bergformen erfahren, im Gegensatz zur übrigen Landschaft, seit der Eiszeit keine Veränderung mehr. Das Erscheinungsbild der Nordalpenkette hat nur in der Vegetation einen Wandel erlebt.

Der nacheiszeitliche *Chiemsee* ist buchtenreich und weist noch nicht die kleinere Form der Winkelbildung (Schafwaschen, Kailbach) auf. Die Seeufer reichen im Süden bis Marquartstein. Oster- und Westerbuchberg sowie Damberg ragen als Inseln auf. Im Osten liegt die Bergener Bucht mit dem Schellenberg als Insel. Im Nordosten folgt die Grabenstätter Bucht, flache Wasserrinnen reichen hier bis in die Niederungen von Hochstätt. Im Westen reicht der See bis Bernau, der Kirchenhügel ist eine vorgelagerte Insel, die später durch den großen Schwemmkegel der Prien an das Uferland gebunden wird.

Die *Tiroler Ache* leitet als größter Lieferant von Geröll und Geschiebe sowie Schwebstoffen die Verlandung des Chiemsees ein. An einem Hochwassertag führt sie dem See 1980 noch bis zu

Das Wollnashorn (Colelodonta antiquitatis) stirbt am Ende der Würmeiszeit aus. Die Ursache für das Verschwinden der Großtiere ist unerforscht. Die Art, die sich von der kargen Flora der Tundren ernährt hatte, ist auf dem Samerberg durch die Forschung von Max Pröbstl nachgewiesen. (Lebensbild nach einem Gemälde von R. Roubal)

17 000 Kubikmeter Material zu. Die Limnologen (Seenwissenschaftler) schätzen die Lebensdauer des Chiemsees noch auf sieben- bis achttausend Jahre.

Das Alpenvorland ist von Schotterfluren und Moränen überzogen, es gibt keine Vegetation. Die Stammbecken der Gletscher bilden große, heute verschwundene Eisseen (Rosenheimer-, Saalach- und Salzburger See). Gleichen Ursprungs sind auch Bodensee, Ammersee und Starnberger See.

Auf den niederbayerischen Kalt-Steppenböden wächst kältebeständiges Hartgras. Feiner Gesteinsstaub wird darauf als äolisches Element abgelagert. Daraus bildet sich Löß, der erste Siedler aus dem unteren Donauraum lockt und später als »niederbayerisches Gold« den *Gäuboden* zu einer Kornkammer Bayerns werden läßt.

14 000

Im Inntal sind noch Toteisreste zurückgeblieben. Das Gelände von Kufstein und Wörgl gehört zu den Eisrandlagen.

13 500

Wiederholt Klimarückschläge, die an Eiszeiten erinnern.

Das *Mammut* (Mammuthus primigenius) ist das bekannteste und wohl größte Tier der Kaltzeitperiode. Rötliches Fell mit fünfzig Zentimetern langen Grannenhaaren und dichter Unterwolle sowie eine sich im Sommer unter der Haut bildende Fettschicht lassen es die großen Klimaschwankungen in Kaltsteppen ertragen. Als Futter dienen im Sommer Gräser und Kräuter und im Winter Zweige und Sträucher der Strauchregion. Die beiden Stoßzähne ermöglichen es ihm, durch die Schneedecke hindurch Futter aufzuspüren. Den Jägern der Kaltzeit liefert das Mammut neben Fleisch und Fett als Nahrung auch Knochen zur verschiedensten Verwendung wie Hütten- und Zeltbau sowie für Gerätschaften. Mammut und Wollnas-

Das Mammut ist der Elefant der Eiszeit. Es zählt mit Höhlenbär, Nashorn, Wisent und Rentier zu den Tieren, die in der Kaltzeit (Pleistozän, Diluvium) in Mitteleuropa erscheinen. Die meisten Funde weisen die hier dargestellte Krümmung der Stoßzähne auf. Nachweise der ausgestorbenen Elefantenart (Elephas primigenius Blum.) sind auch in den Fresken der Eiszeitmenschen der Magdalénienstufe (Altsteinzeit) in der Dordogne überliefert. (Rekonstruiert von O. Abel 1912)

Der Rosenheimer See erstreckt sich vor rund 15 000 Jahren vom Nordalpenrand in Höhe von Kufstein bis in den Raum von Wasserburg. Auf dem Bild vermittelt das Nebelmeer die Vorstellung der Wasseroberfläche. Die Obergrenze der Nebeldecke entspricht dem damaligen spät- bis postglazialen Seespiegel von ungefähr 490 m Meereshöhe.

Rechte Seite: Tiergesellschaft im Eiszeitalter. 1 Mammut, 2 Ren, 3 Schneehase, 4 Schneehuhn, 5 Eisfuchs, 6 Moschusochse, 7 Vielfraß (Fjellfraß), 8 Wollnashorn, 9 Lemming, 10 Bison, 11 Riesenhirsch, 12 Höhlenlöwe, 13 Rotfuchs, 14 Wolf, 15 Ur/Auerochse, 16 Hirsch, 17 Reh, 18 Salmoniden, 19 Braunbär, 20 Höhlenbär, 21 Wildschwein, 22 Steinbock, 23 Wildpferd, 24 Höhlenhyäne. (Die Darstellungen entsprechen nicht den Größenverhältnissen).

1
2
3
4
5
6
7
8
9
10
11
12
13
14
15
16
17
18
19
20
21
22
23
24

Das Alpenvorland südlich von München während der letzten Eiszeit vor 20 000 Jahren. Auf dem Höhepunkt der Würmeiszeit sind weite Teile des Alpenvorlandes vom Eis des Isar-Loisach-Gletschers bedeckt. Es wird genährt von den Eisströmen der Zentralalpen und den Gletschern der Nördlichen Kalkalpen, die durch das Isar- und Loisachtal und über den Sattel des Kesselberges nach Norden ins Alpenvorland dringen. Dabei werden die Isar und die übrigen Alpenflüsse aus ihren Tälern vertrieben. Als Schmelzwasserabflüsse bekamen sie an der Gletscherstirn einen neuen Ursprung. Das vom Gletscher aus den Alpen und ihrem Vorland ausgeschürfte und transportierte Gesteinsmaterial (Moräne) wird von den Schmelzwassern mitgenommen, abgerollt und als Kies und Sand in einer riesigen Schotterfläche – der Münchner Schiefen Ebene – abgelagert. (Rekonstruktionsbild von Marie-Anne Jakob, Bayerische Staatssammlung für Paläontologie und historische Geologie)

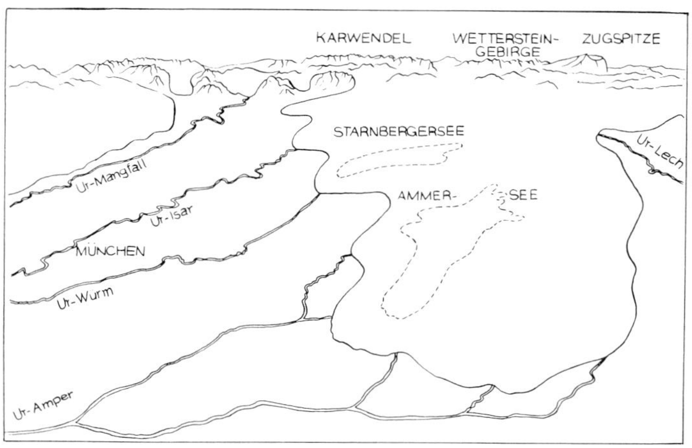

Skizze zum Rekonstruktionsbild: Das Alpenvorland mit den Ur-Flüssen im Süden von München. Die gestrichelte Uferlinie entspricht dem Ammersee und Starnberger See (Würmsee) von heute. (Zeichnung Bayer. Staatssammlung für Paläontologie und historische Geologie)

Frühlingsbild des nacheiszeitlichen Europa mit Nordafrika im Vordergrund. Weite Teile auf der Weltraumaufnahme vom 3. Mai 1982 sind wolkenfrei. Im Mittelpunkt schnee- und eisbedeckt sowie von Flußtälern durchzogen, der Alpenbogen. An dessen Rändern tauchen die Seen als dunkle Flecken auf. Theoretisch wäre die Ansicht des Erdteils aus dem Weltraum bereits nach der Bildung der Alpen als jüngstem Gebirge möglich gewesen, wenngleich einzuschränken ist, daß es seither insbesondere in den Küstenrandgebieten sowie im Eiszeitalter Veränderungen gegeben hat, die auch noch aus dieser Höhe erkennbar gewesen wären. (ESA-Meteosat Pictures supplied by the European Space Agency)

horn sterben als typische Vertreter der eiszeitlichen Fauna aus.

Die geschwärzte *Segge* (Carex atrata) besiedelt in der Eiszeit Tundren und zählt zur Alpenflora der Gegenwart.

13 000

Das Alpenvorland ist eisfrei. Die Eisgrenze liegt in den Tallagen bei Innsbruck.

12 000

In der ältesten Tundrenzeit (Ältere Dryas) liegt die *Schneegrenze* sechshundert Meter tiefer als heute. Die Naßbodenbildung hat bereits eingesetzt.

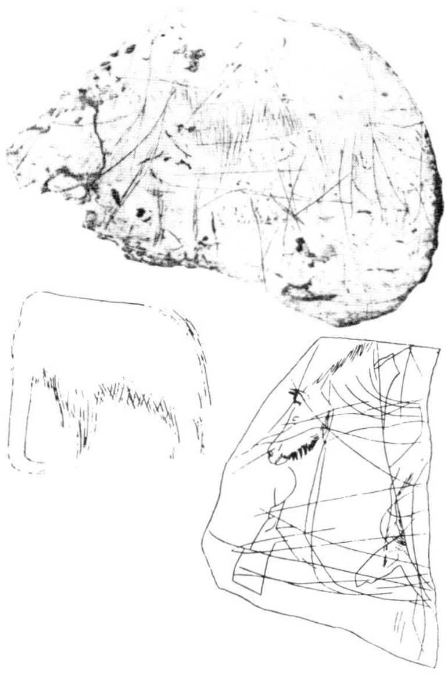

Die Ritzzeichnung eines Mammuts und der Kopf eines Wildpferdes der Klausenkultur sind die ältesten bisher bekannten künstlerischen Zeugnisse auf bayerischem Boden. Sie stammen aus der Oberen und Mittleren Klause bei Essing, Landkreis Kelheim, Zeit Magdalénien. (Prähistorische Staatssammlung München)

Die *Zwergbirke* (Betula nana) behauptet sich als Eiszeitpflanze bis heute. Sie erreicht in Hochmooren bis zu fünfzig Zentimeter Höhe, während sie in Nordnorwegen nur kriechend anzutreffen ist.

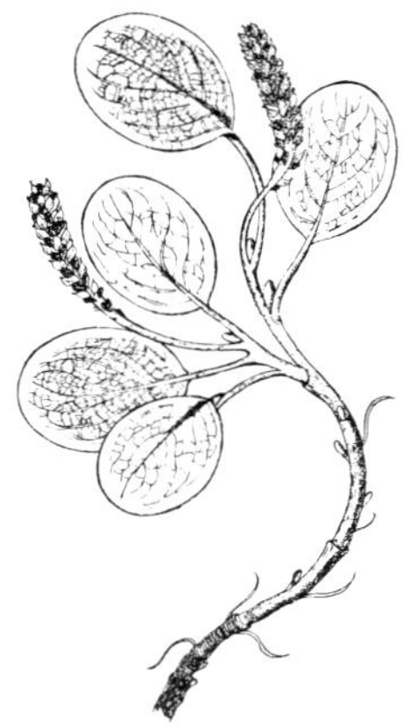

Netzweide (Salix reticulata) in etwa natürlicher Größe. Sie zählt zur Gattung der Zwerg- und Gletscherweiden und erscheint mit der Krautweide als »kleinstes Bäumchen der Welt« (Linné) im Eiszeitalter. Es behauptet sich bis herab auf 1200 m noch heute am Nordalpenrand (Eiskeller am Laubenstein). (Zeichnung: Helga Stein)

Die *Zwergweide* (Salix herbacea) zählt zu den Eiszeitrelikten. Der kleinste in den Alpen vorkommende »Baum« entwickelt und entfaltet Äste und Zweige untertage im Schutz des Erdmantels. Nur Zweigspitzen mit zwei bis drei Blättern erscheinen an der Oberfläche. Vorkommen im »Eiskeller«, Hochrieß.

11 000

Im *Alleröd*, einer der letzten Eiszeit folgenden wärmeren Periode von etwa 1000 Jahren, ist das Klima etwas kühler als heute. Kiefern- und Birkenbestände bilden die Vegetation.

Die Pflanzen kehren aus dem eisfreien Alpenvorland nach Süden in die Berge zurück.

10 500

Uferrand- und Höhensiedlungen sind Anzeichen für ein wärmeres Klima.

10 210

Die Fichte ist bereits im *Inntal* wieder heimisch. Unter einer 5,5 Meter dicken Schicht über dem Seeton wird 1950 bei Reischenhart ein Fichtentreibholz gefunden. Die C14-Analyse ergibt ein Alter von 10 210 plus/minus 210 Jahren.

10 000

Das Königseer Tal liegt noch unter einem Eisstrom begraben, der aus dem Watzmannkar und von den Hochflächen des Steinernen Meeres genährt wird. In Gletscherbrüchen fließen und stürzen die Eiswasser die steilen Wände herab. Als der Königsseegletscher schmilzt und sich das Eis auf den Obersee zurückzieht, bilden sich zwei Moränenwälle. Damit beginnt die Teilung in Obersee und *Königssee,* die später Schuttkegel und ein Bergsturz (1172) vollenden.

Der Regensburger Donaubogen ist seit der Steinzeit Siedlungsraum für Menschen.

Kühles und trockenes Wetter kennzeichnet das *Präboreal.* Die Vorwärmezeit gehört noch zur Altsteinzeit (Paläolithikum), in der in den Nordalpen bisher keine Menschen nachgewiesen sind.

In der älteren Tundrenzeit liegt die *Schneegrenze* drei- bis vierhundert Meter tiefer als heute. Im Inntal beginnt die Wiederbewaldung.

Der westliche Teil des *Reichenhaller Beckens* bildet einen See, den später die Saalach mit Seetonen und Schotter auffüllt.

Der *Rosenheimer See* fließt bei Attel ab und entwässert das Bekken. Der Inn schürft das Tal aus und schafft die Dorn- und Nestlage für Wasserburg.

Der *Eisfuchs* (Alopez lagopus) ist während der Kaltzeiten in Mitteleuropa weit verbreitet. Reste von ihm finden sich an Lagerplatzstätten (Gännersdorf u. a.). Das Raubtier, heute nur noch in Polargebieten anzutreffen, dürfte, wie auch der damals schon auftretende Rotfuchs, seines Pelzes wegen gejagt worden sein.

Das größte Raubtier der Kaltzeiten ist der *Höhlenlöwe* (Felis spelaea). Als Fleischfresser und weniger vom Klima abhängig als pflanzenfressende Tiere kann er dem Wechsel der Kalt- und Warmzeiten besser widerstehen als die Pflanzenfresser. Die Großkatze des Diluvium ist ausgestorben, Reste sind in weiten Teilen Europas gefunden worden. Höhlenbilder bezeugen das Vorkommen in Südfrankreich.

Der *Moschusochse* (Oribos moschatus) gelangt in der Kaltzeit bis nach Süddeutschland und bis in die Dordogne (F). Dort ist die Art in einer Gravierung in Lascaux und in einer Kalkstein-Plastik aus der Laugerie als erstes künstlerisches Zeugnis des Europäers überliefert.

Die *Saiga-Antilope* (Saiga tatarica) trifft in der Späteiszeit, aus dem Osten kommend, in Mitteleuropa auf ein ihrer Art entsprechendes trockenes Steppenklima. Ihr Vorkommen ist in Frankreich durch Höhlenfunde nachgewiesen.

Schneehase (Lepus timidus) und *Schneehuhn* (Lagopus mutus) behaupten sich in der Hochregion der Alpen als Eiszeitrelikte bis heute. Beide Arten werden vom Steinzeitmenschen gejagt, der zur Kaltzeit im eisfreien Mitteleuropa erscheint. Reste von rund 700 Schneehasen wurden am Petersfels im Hegau gefunden. Schneehase und -huhn leben heute in der Zweitausenderregion der Nordalpen.

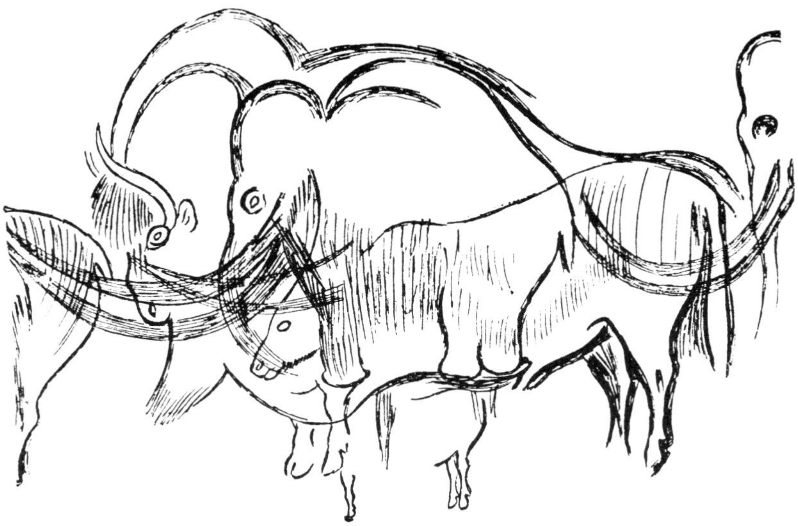

Bison, Mammut und Rentier (von links) aus einem Fresko der Grotte von Font-de-Gaume, Dordogne, der Magdalénienzeit (Kopie nach H. Breuil)

Die *Schneemaus* kehrt mit den weichenden Gletschern in die Alpen zurück. In der Eiszeit besiedelte sie die eisfreien Gürtel Mitteleuropas. Als die Täler den Tundrencharakter verlieren, bleibt die Mausart auf manchen Gipfeln isoliert; sie paßt sich den unwirtlichen Lebensbedingungen an und lebt heute bevorzugt in 1700–2700 Meter Seehöhe, unter anderem auf der Zugspitze, im Karwendel und in den Berchtesgadner Alpen.

Auerochsen (Bos primigenius), auch Ur genannt, alleinige Vorfahren der Hausrinder. Das Jagdwild des Eiszeitjägers ist in seiner Wildform heute in Europa ausgerottet. Der letzte Nachweis stammt aus dem Jahr 1627 aus Masovien (O. Abel). Durch Kreuzung primitiver Hausrindrassen gelang es den Brüdern Heinz und Lutz Heck, eine Rinderrasse zu züchten, die dem ausgestorbenen Auerochsen entspricht. Die Aufnahme stammt aus dem Tierpark München Hellabrunn, in dem die Rückzüchtung erfolgt ist.

Der *Wolf* (Canis lupus) und der Braunbär (Ursus arctos) gehören bereits zur Eiszeitfauna. Beide Arten überstehen alle Klimaveränderungen und wären heute noch in den Alpen verbreitet, wurden aber als Verursacher von Viehschäden im 18. und 19. Jahrhundert ausgerottet.

Der *Knöllchen-Knöterich* (Polygonum viviparum) ist als Eiszeitpflanze überliefert. Die Knöllchen des Blütenstandes sind in den Hochalpen eine bevorzugte Nahrung der Schneehühner. Da sie die Isländer auch zum Brotbacken verwenden, ist nicht ausgeschlossen, daß sie auch Neandertalern und Cromagnonmenschen als Nahrung gedient haben.

Die *Silberwurz* (Dryas octopetala), ein niederliegender Spalierstrauch, tritt als Leitpflanze der Eiszeit auf. Nach ihr ist die Flora des Pleistozän »Dryas-Flora« benannt, ebenso heißt das der Würmeiszeit folgende Spätglazial (16 000–9000 v. Chr.) Dryas-Zeit. Die Silberwurz zählt bis heute zu den Zwergstrauchgewächsen der Alpen. Sie bedeckt den Boden teppichartig, auffallend ihre reinweißen Blüten von 3–4 cm Größe.

Der *Inn* erweist sich in der Folgezeit als pflanzengeographische Grenze. Ostalpine Arten stehen als Vertreter eines mehr trocken kontinentalen Klimas solchen der Westalpen mit mehr feucht-atlantischem Klima gegenüber. Der Fluß bildet eine mittlere Annäherungsgrenze. Die föhnreiche Nordsüdstraße des Inntals setzt vermutlich der Ostwestverbreitung Schranken.
Ostalpine Arten: Alpenglockenblume (Campanula alpina) – Wendelstein; Gletscher Gemswurz (Doronicum glaciale) – Kaisergebirge; Bursers Stein-

Stier und Kuh des Ur (Auerochsen). Die Wildform unseres Hausrindes ist in der Altsteinzeit (Magdalénien) in Mitteleuropa weitverbreitet. Ritzzeichnung aus der Grotte de la Mairie, Dordogne. (Nach L. Capitan und H. Breuil)

Flachland-Wisent (Bison b. bonasus), verwandt mit dem eiszeitlichen Wisent (Bison priscus Boj.) Die größten einheimischen Wildtiere (Gewicht bis 2 to, 250 Tage Tragzeit) sind im Alpenraum während der Altsteinzeit (Magdalénien) nachgewiesen, in freier Wildbahn seit 1921 ausgerottet.

brech (Saxifraga burseriana) – Hochplatte; Zwerg-Alpenscharte (Saussurea Pygmaea) und Eberrauten-Greiskraut (Senecio abrotanifolius) – beide bis Geigelstein; Walderbsen-Wicke (Vicia oroboides) nur Geigelstein; Ostalpen-Fingerkraut (Potentilla clusina) – Kampenwand und, von Süden kommend, bis Schachen; Alpenveilchen (Cyclamen europaeum) – Prienta1; Christrose (Helleborus niger) – Tiroler Inntal.

Westalpine Arten: Gelber Enzian (Gentiana lutea) – östlichster Standort Rotwandgebiet; Weißer Germer (Veratrum album) – alpin in Ost und West, präalpin (vor den Alpen) nur bis zum Westufer des Inn; Stechpalme (Ilex aquifolium) – am Inn und in Reichenhall, wo das Vordringen von Süden her erfolgt ist (Nach Oberdorfer/Ringler).

Die weibliche Gestalt mit fülligem Körper als Sinnbild der Fruchtbarkeit zählt neben Tieren zu den ersten Symboldarstellungen in Bayern, nachgewiesen bei Neuessing, Kreis Kelheim.

Die *Mittelsteinzeit* (Mesolithikum) beginnt mit dem Abklingen der Eiszeit (um 10000 v. Chr.). Sie setzt im Donauraum früher ein als im Voralpenland, und dauert bis etwa 4000 Jahre v. Chr. Die Menschen sind anfangs noch vielfach Wildbeuter und nicht seßhaft. Der Faustkeil aus Feuerstein dient als Waffe und Mehrzweckgerät, bis das Beil zum wichtigsten Werkzeug und zur Waffe wird. Fischfang wird schon mit dem Einbaum betrieben. Es ist die älteste, aus einem Stamm gebrannte und gehauene Bootsform, die mit einem ruderähnlichen Holz bewegt wird.

Der Inn bildet im Bayerischen Gebirge eine pflanzengeographische Grenze. Das Alpenveilchen gehört zu den ostalpinen, die Stechpalme zu den westalpinen Arten. (Zeichnungen: Hildegard Ringler)

Die Donau sägt durch den Kalkstein des Jura nach der Eiszeit die Weltenburger Enge. Das größte Durchbruchstal Deutschlands begrenzen auf 5 km Länge bis zu 70 m hohe Steilwände.

9800

In der *Dryaszeit* (benannt nach der Silberwurz) steigen die Temperaturen an. Lichter Birkenwald, Weiden- und Wacholderbüsche erscheinen. In der *Böllingzeit* setzt die Wiederbewaldung ein. (Bölling = ehemaliger See in Nordjütland.)

9000

Die Gletschergröße entspricht im warmen Klima des Präboreal der Gegenwart.
Die *Schneegrenze* liegt in den Alpen 200–300 Höhenmeter tiefer als heute. Die Baumgrenze reicht bis 2000 m.

Im *Präboreal* wird das Klima rasch wärmer, Kiefern- und Birkenwälder kommen auf, die Birke tritt jedoch in den südlichen Chiemseemooren ganz zurück. Die geschlossene Fichtenkurve setzt am Süd- und Ostufer des Chiemsees sowie im Endmoränenbogen des Salzachgletschers gleichzeitig ein.

Die großen Zungenbecken der Salzach-, Chiemsee-, Inn-, Isar- und Lech-Vorlandgletscher werden eisfrei zu großen Schmelzwasserseen. An den Nordseiten zieht sich ein Kranz von *Moränenhügeln* hin, der zuweilen wie ein Damm wirkt. Dahinter beginnen im Westen von Aying die Schotterfluren der »Münchner schiefen Ebene«.

In den Alpen behaupten sich bis in die Gegenwart noch immer Flora und Fauna der Kaltzeiten. Dazu zählen Silberwurz, Polarweiden und Moosfarn sowie Schneehuhn und Murmeltier. Dagegen ist die Tier- und Pflanzenwelt der Wärmephasen (Interglazialzeiten) ausgestorben oder ausgewandert.

Die von den Randgebieten abfließenden Flüsse und Bäche des Rosenheimer Beckens lagern ihr Schwemmaterial in großen Kegeln ab. Der ständig durchfeuchtete feinschlammige Boden bildet die Basis für das spätere fruchtbare *Obstbaugebiet* bei Au und Feilnbach. Die Orte, die Au (= fließendes Wasser, keltisch = Aha) im Namen führen (Au und Audorf), gründen auf solchen Schwemmkegeln.

Im Reichenhaller Talbecken tritt nach der Eiszeit am Fuße des Gruttensteins *Sole* mit einem Salzgehalt bis zu 23 Prozent zutage. Bereits die Kelten gewinnen hier 2000 Jahre vor Christi Geburt Salz. Später nutzen die Römer das Vorkommen. Die Solequellen gehören nach Ausbildung des Älteren Stammesher-

Toteislandschaft der Osterseen. Die in das Werdenfelser Alpentor zurückweichende Zunge des Loisachgletschers hat am Ende der Würmeiszeit riesige Eisblöcke abgelagert. Vor rund 13 000 Jahren schmelzen diese, von Schottern gesäumt und abgedeckt, langsam ab. Es bilden sich die Seeaugen, die von Ruppen und Kämmen (Osern) gerahmt und untereinander mit Achen verbunden sind. Im Vordergrund das Südufer des Starnberger Sees, zu dem ein Wasserlauf führt. Im Hintergrund die Nordalpenkette mit der Mauer des Wettersteins, die im Westen zum Zugspitzmassiv (2963 m) aufsteigt. Die Eiszerfallandschaft reicht in Bayern vom Kläpersee bei der Wies über die Chiemgauer Seenplatte bis zum Höglwörther See. (Luftbild Bertram, München-Riem. Freig. Reg. v. Obb. G 4/17.603)

Vergleich: Beim Rückzug der Gletscher in Höhen über 2500 m bilden sich in Felsenschalen Karseen. Als größter Hochalpensee der Ostalpen entsteht der Lünersee (1970 m) im Rätikon. Er ist in der nacheiszeitlichen Wärmeperiode (8000–800 v. Chr.) von Fichtenwäldern gesäumt. Die Waldgrenze reicht zu dieser Zeit bis 2200 m hoch. Der See faßt bis 1960 bei einer Spiegelhöhe von 1943 m rund 40 Millionen Kubikmeter. Er wird seither als Speichersee der Illkraftwerke genützt und sein Inhalt durch Aufstau auf 76 Millionen Kubikmeter erhöht. Zu Beginn des technischen Eingriffs kamen beim Ablassen des Karsees Knochen und Geweihe von Elchen und eines fossilen Großhirsches zum Vorschein. Am Lünersee endet heute der Krummholzgürtel.

Toteiskessel. Beim raschen Rückzug der Gletscher in die Alpen bleiben große Eiskörper im aperen Vorland liegen, um die sich Moränenschutt bildet und sie bedeckt. Die Toteismassen schmelzen nach Beendigung der Überschotterung ab. Es bilden sich Senken und Hohlformen, die sich mit Wasser füllen. Es sind die meist abflußlosen Toteisseen. Dazu gehören die Chiemgauer Seenplatte, die Osterseen im Pfaffenwinkel und der Kläpersee nahe der Wieskirche im Bild. (Luftbild Bertram, München-Riem. Freig. Reg. v. Obb. G 4/499)

zogtums den Herzögen aus dem Geschlecht der Agilolfinger. In der Folgezeit ist das Salz wiederholt Gegenstand von Streitigkeiten zwischen Salzburg, der Fürstpropstei Berchtesgaden und Bayern.

Das *Rentier* (Rangifer tarandus) ist während der Altsteinzeit in den Alpenlandschaften heimisch und wichtigste Jagdbeute des Menschen. Neben dem Fleisch findet vor allem das Fell als Kleidung Verwendung. Aus den bearbeiteten Knochen und dem bei beiden Geschlechtern vorkommenden Geweih werden, wie Funde aus den Nordalpen und der Dordogne (F) beweisen, handwerkliche Gegenstände gefertigt. Die Verbreitung des Rens dürfte jahreszeitlich unterschiedlich gewesen sein. Während es im Winter ähnlich wie das später erscheinende Rotwild in die bewaldeten und klimatisch

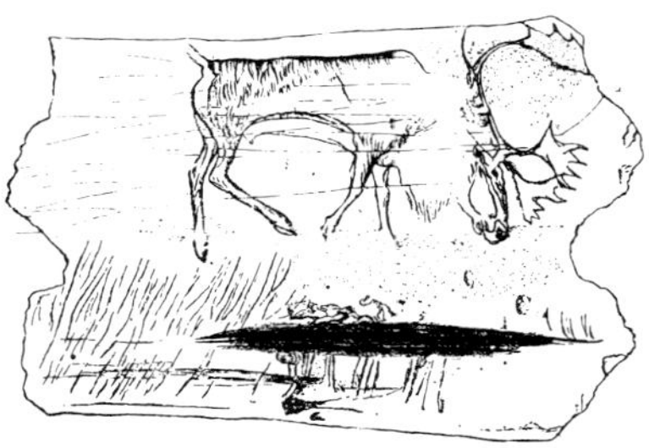

Rentier, auf einem Geweih eingeritzt, Fundort im Keßlerloch in der Schweiz. Die Hirschart ist zur Nacheiszeit in weiten Teilen Mitteleuropas (Krems, Dordogne) nachgewiesen. (Nach A. Helm, Abel Lebensbilder, 1922)

günstigeren Niederungen zog, wird es sich nur im Sommer in baumlosen Flechten- und Bergstrauchtundren aufgehalten haben.

8800

Das *Boreal* bewirkt warmes und trockenes Klima. Es ist eine Übergangszeit, in der Erle, Haselnuß und Eiche einwandern, größte Verbreitung der Haselnuß. Das Land ist eine Waldsteppe.

8500

Die *Moore* (Möser) bilden sich im Alpenvorland. Während der Verlandungsphase der großen Seen (Rosenheimer-, Salzburger See) kommt es zu wasserstauenden Seetonen, in denen keine Verwesung, sondern die Torfbildung abgestorbener Pflanzenteile erfolgt. Die Flachmoorbildung setzt unter dem Grundwasserspiegel ein. Sobald sie die Wasseroberfläche erreicht und überragt, folgt die Hochmoorbildung mit Torfböden, auf denen später Niederholz (Latschen) und Spirken (Lokalname aus dem Murnauer Moos) wachsen.

Der Ammersee im Rückzugsstadium des Holozän, der geologischen Gegenwart, mit Verlandungsinseln am Nordufer, nahe dem Amperabfluß. Der Ursee reicht vor 10 000 Jahren über Weilheim bis zum Peißenberg. Die Verlandung hat weitgehend die im Süden mündende Ammer besorgt. Der Fluß trägt im langjährigen Mittel 68 000 t Schwebstoffe und 15 000 cbm Geschiebe aus dem Gebirge in den See. Der See ist als Zungenbecken des Ammergletschers entstanden. (Luftbild Bertram, München-Riem. Freig. v. Reg. v. Obb. G 4/22.440)

Das Murnauer Moos vor dem Hintergrund der Nordalpenkette mit dem Wettersteingebirge. Es bildet Ende der Würmeiszeit das Stammbecken des Loisachgletschers, der die große Seefläche mit Schwebstoffen, Geschiebe und Geröll auffüllt. Die Verlandung weist in der Gegenwart noch alle Moorformen auf. Charakteristisch sind neben den Hartsteinriegeln der Köchel (Flysch), die Spirken, Bergkiefern, die freistehend bis zu 10 m Höhe erreichen (Bildmitte oben).

8000

Im Süden des Chiemsees bildet sich die Kendlmühlfilz. Sie gilt als das größte und wertvollste *Hochmoor* Bayerns.

Die *Schneeregion* (Firngrenze) über der Schnee in waagrechter Lage ganzjährig liegen bleibt, weicht nach der Eiszeit in die Hochregion der Alpen zurück und schmilzt im Atlantikum völlig ab.

Die Wasserführung nimmt nach dem Abschmelzen der großen Gletscher ab. Flußtäler und Seen werden kleiner. Die Zahl der Seen steigt erst wieder im 20. Jahrhundert mit dem Bau von Autobahnen, wo im Alpenvorland längs der Trassen Baggerseen ausgehoben werden.

Im Donaumoos ist das erste *Haus* nachgewiesen. Es stammt aus der Tundrenzeit.

Das Grab einer Mutter mit Kind im Arm, unter einem Abri (steinzeitliche Siedlungsstelle unter Felsvorsprung) bei Kelheim, bildet den frühesten Nachweis einer mesolithischen Grabstätte in Bayern.

Der Feldbau kommt auf. Während bisher Frauen die Körner wildwachsender Gräser sammelten und mit einem Grabstock Wurzeln aus der Erde holten, beginnen die Menschen der mittleren Steinzeit mit einer Aussaat. Sie lockern die Erde und setzen Körner und pflanzen Knollen.

Das große Seebecken des Lechgletschers vor Füssen. 200 Quadratkilometer sind während der Schmelzperiode von den Eiswassern überflutet, ehe der aus dem Alpentor kommende Fluß das selbstgeschürfte Stammbecken mit Schottern auffüllt und am Illasberg den Molasseriegel durchbricht. Der Lechsee fließt, wie der Rosenheimer- und der Salzachsee, rasch ab. Was bleibt, ist die heute zusammen mit der Alpenkette landschaftsprägende Seenkette von Bannwaldsee (im Bild), Hopfensee, Schapfensee, Schwansee, Weißensee und Forggensee, der, wieder aufgestaut, das einstige Stammbecken kennzeichnet.

Werkzeuge in Form von Blattspitzen sind eine frühe Kulturform und bilden einen Höhepunkt in der Silexverarbeitung. Die häufigsten Funde der bis zu 11 cm langen Allzweckgeräte stammen aus dem Wellheimer Trockental, durch das die Urdonau geflossen ist.

Tiere und Pflanzen (Fauna und Flora) erfahren im wärmeren *Klima* der mittleren Steinzeit eine Veränderung. Der Tundrenvegetation folgen Birken und Kiefern, später Eichenmischwald. Der Mensch, der als Jäger bisher auf klimatisch günstige Gebiete angewiesen war, erweitert seinen Lebensraum und dringt beispielsweise im Allgäu bis an den Alpennordrand vor. Über *Oberstdorf* weisen in 1400 Meter Seehöhe Spuren auf zeitweiligen Aufenthalt und Wohnplatz hin.

Erster Nachweis von Menschen im bayerischen Alpenland aus dem Allgäu.

6500

Zeitrechnung Eiszeit 2 000 000 bis 15 000 v. Chr.	**Die Wald- und Klima-Entwicklung in Südostbayern seit dem Rückzug der Gletscher aus dem Vorland** Nach pollenanalytischen Untersuchungen der Moorablagerungen – Verfahren Münichsdorfer			
	Perioden	Waldentwicklung	Klima	Kultur
Von der letzten Eiszeit bis ca. 8800 v. Chr.	Vorwärmezeit (Präboreal)	*TUNDRA und NORDISCHE WALDSTEPPE* Einwanderung von Fichte, Birke und Kiefer größte Ausdehnung der Kiefer	kühl und trocken	ältere Steinzeit
8800 bis 6000 v. Chr.	Übergangszeit (Boreal)	*WALDSTEPPE* Einwanderung von Erle, Hasel und Eiche größte Ausdehnung der Hasel	warm und trocken	mittlere Steinzeit
6000 bis 3000 v. Chr.	Atlantische Zeit	*LAUBWALD* Herrschaft des Eichenmischwaldes Einwanderung von Buche und Tanne	warm und feucht	Jungsteinzeit
3000 bis 900 v. Chr.	Subboreal	Anstieg von Buche und Tanne Abnahme: Eichenmischwald und Fichte	warm und trocken	Spätsteinzeit; Bronzezeit
900 v. Chr. bis Gegenwart	Subatlantische Zeit	Neuerliche Ausbreitung der Fichte durch Waldkultur	kühl und feucht	Eisenzeit bis Gegenwart

Nach Ringler/Murawski

6220

Das *Solewasser* der Karl-Theodor-Quelle in Bad Reichenhall ist – nach einer Altersbestimmung von 1970 – 8190 Jahre alt. Im Reichenhaller Kessel sollen sich danach jährlich 120 000 Kubikmeter Salz lösen. Verschiedene Gesteine bewirken das Auftreten der Solequellen. Das Haselgebirge führt das Salz, während die Klüfte der Reichenhaller Kalke als Steigrohre dienen.

Der Mensch erscheint im Alpenvorland sporadisch als Jäger und Wildbeuter. Er lebt auf der urtümlichsten Wirtschaftsstufe, ohne festen Wohnsitz von primitiver Jagd und wild vorkommenden Nahrungsmitteln.

6000

Die Warmzeit des *Atlantikum* erreicht ihren Höhepunkt. Die

Alpen sind weitgehend eisfrei. Später beginnt das Gletschereis wieder zu wachsen, im 20. Jahrhundert bedeckt es wieder 3500 qkm. Wärmeliebende Pflanzen befinden sich seither auf dem Rückzug. Der Mensch ist nunmehr im Alpenvorland durch Kulturzeugnisse verbürgt (Linearbandkeramik). Spuren sind bei Unterföhring und Johanneskirchen nachgewiesen. Seither bestimmt im bayerischen Alpenland der Mensch maßgeblich das Landschaftsbild und wandelt es zu einem Kulturland. Luchse, Bären, Wölfe und Auerochsen behaupten sich, werden jedoch ebenso ausgerottet wie im 19. Jahrhundert die Greifvögel Adler und Gänsegeier.

Funtensee (1595 m) mit Schottmalhorn. Der eiszeitliche Karkessel füllt sich in einer der Verwerfungsspalten des Steinernen Meers, die der Plateaugletscher ausgeschürft hat. Wasserstauender Dolomit und eingeschwemmter Ton des Juragesteins dichten den Seeboden ab. Der Überlauf fließt über die Teufelsmühle untertag ab. Der Waldgürtel erreicht in 1700 m die größte Höhe in Deutschland. Im Jahr 1385 treiben elf Bauern ihr Vieh zur ersten bekannten Sömmerung auf die Funtenseealmen. Es ist nicht ausgeschlossen, daß sich das sommerliche Bild des Gebirgssees auch in den warmen Perioden des Eiszeitalters eingestellt hat, in denen verschiedentlich die Hochregionen schnee- und eisfrei gewesen sind.

Die Waldsteppe wird durch den Laubwald abgelöst, Herrschaft des Eichenmischwaldes, Buche und Tanne wandern ein. In Gebirgsnähe hoher Anteil an Ulmen.

Die *Stichbandkeramik* tritt ungefähr zeitgleich mit der Linearbandkeramik in den Lößlandschaften von Nord- und Südbayern auf. In der Verzierung kommt hier zur Bandführung eine gleichmäßige feldartige Punktierung an tönernem Hausgeschirr. Die Funde lassen auf eine Fortentwicklung der Linearbandkeramik sowie auf gleiches Verbreitungsgebiet schließen. Ein Brandgrab in Wallerfing, Kreis Deggendorf, liefert 1968 Hinweise.

Es finden sich erste gesicherte Spuren des Menschen im Alpenvorland. Zeugnisse der Münchshöfener Kultur entdeckt der Geologe Otwin Ganss in der

Die Bäume kehren nach der Eiszeit zurück. Birke und Kiefer wandern in der Vorwärmezeit des Präboreal um 6500 v. Chr. ein. Buche, Eiche, Tanne und andere Arten folgen um 5000 im feuchtwarmen Klima des Atlantikums.

ehemaligen Kiesgrube Breitbrunn, heute Gemeindehaus. Es ist der bisher früheste menschliche Nachweis am Chiemsee.

5000

Die Übergänge zwischen den einzelnen *Kulturabschnitten* sind stets fließend und erfolgen in größeren, Jahrzehnte bis Jahrhunderte dauernden Zeiträumen. Das bedeutet, daß sich alte Materialien und Techniken neben den Neuerungen noch lange behaupten und angewandt werden.

Die Schönramer Filz. Das Naturschutzgebiet bei Teisendorf vermittelt mit seinen Moor- und Seeflächen die Vorstellung des Alpenvorlands nach dem Rückzug der Gletscher sowie der Wald- und Klima-Entwicklung. Das sechs Wegstunden umfassende Revier war früher Teil des Waginger Sees und des Salzachgletscherbeckens.

Die namenlosen Völker Europas leben in den gemäßigten Zonen nördlich des Balkan, der Alpen und Pyrenäen in Laubwäldern und Flußniederungen. Ein Hauptlebensraum ist die Donau. Hirten und Bauern sind meist noch Nomaden, die weiterziehen, wenn der Boden durch *Brandrodung* erschöpft ist.

Bauern der Steinzeit ziehen von den Schwarzerdegebieten des Südostens die Donau aufwärts in das waldfreie, fruchtbare *Gäubodengebiet* des heutigen Niederbayern. Sie kennen Getreide, Pflug und Wagen und besitzen Haustiere (siehe 1900).

Die in Bayern nachgewiesenen *Kulturformen* entstammen dem europäischen Südosten und führen im Ursprung auf Vorderasien zurück. Dazu zählen Haus-

Das Mündungsdelta der Tiroler Ache. Der aus den Alpen kommende Fluß verändert zumindest seit Ende der letzten Eiszeit das Erscheinungsbild des Chiemsees und trägt zur Schrumpfung des Gletscherbeckens bei. Die Luftaufnahme aus dem Jahr 1968 entspricht nicht mehr der derzeitigen Mündungsform, da inzwischen entscheidende Regulierungen erfolgt sind, um einer möglichen Verschmutzung des Sees durch Öl vorzubeugen. (Photogrammetrie, freig. Reg. v. Obb. Nr. G/7 87203)

Einbaum und Floß sind die nachweislich ältesten Wasserfahrzeuge auf bayerischen Seen und Flüssen. Der Einbaum ist in Europa seit der Mittelsteinzeit, 5000 v. Chr., bekannt, sein erstes Auftauchen auf oberbayerischen Seen ist nicht gesichert. Der Einsatz von Flößen ist im Mittelalter auf dem Inn verbürgt und reicht herauf bis zum 20. Jahrhundert. Die Aufnahme zeigt großen Einbaum und Floß im Freilichtmuseum Oberbayern, Glentleiten.

bau, Ackerbau und Viehhaltung, Töpferei und Steinschliff. Aus diesen Ursprungsländern stammen auch die Haustiere: Rind, Schwein, Schaf und Ziege sowie die ersten Kulturpflanzen: Weizen, Gerste, Hirse, der langgrannige Emmer und das Einkorn. Die Menschen ernähren sich bevorzugt von Feldbau und Viehzucht. Die Jagd wird nebenbei betrieben.

Die bäuerlichen Kolonisten besiedeln in den Flußtälern meist die offenen Terrassen. Diese bilden zwischen feuchten Auen und dem Urwald als Hinterland günstige Lebensbedingungen für verschiedene Wirtschaftsbereiche.

Felsgestein wird durch den *Steinschnitt* gewonnen. Unter Zuhilfenahme von Wasser und Holz wird der Fels gekeilt, gesprengt, gesägt und durchbohrt. Es ist im Prinzip dieselbe Technik, die noch im 19. Jahrhundert in den Inntaler Steinbrüchen bei Brannenburg und Altenbeuern angewendet wird.

Der *Wald* hat mit sechs Milliarden Hektar weltweit seine größte Ausdehnung erfahren. Bis zur Gegenwart büßt er die Hälfte seiner Fläche ein und wird, vorwiegend durch das Vordringen des Menschen auf drei Milliarden Hektar reduziert.

Der Mensch erscheint nunmehr auch im Alpenvorland als *Ackerbauer*. Er siedelt, wo sich auf den kahlen eiszeitlichen Schotterflächen durch Verwitterung eine Humusschicht als Weide- und Ackerboden gebildet hat.

4300

Die *Münchshöfener* Gruppe ist die jüngste der noch mittelsteinzeitlichen Kulturen, die im Süden bis an die Glonn, den Chiemsee und an die Alz reicht. Die Gefäße zeigen erstmals Fuß-

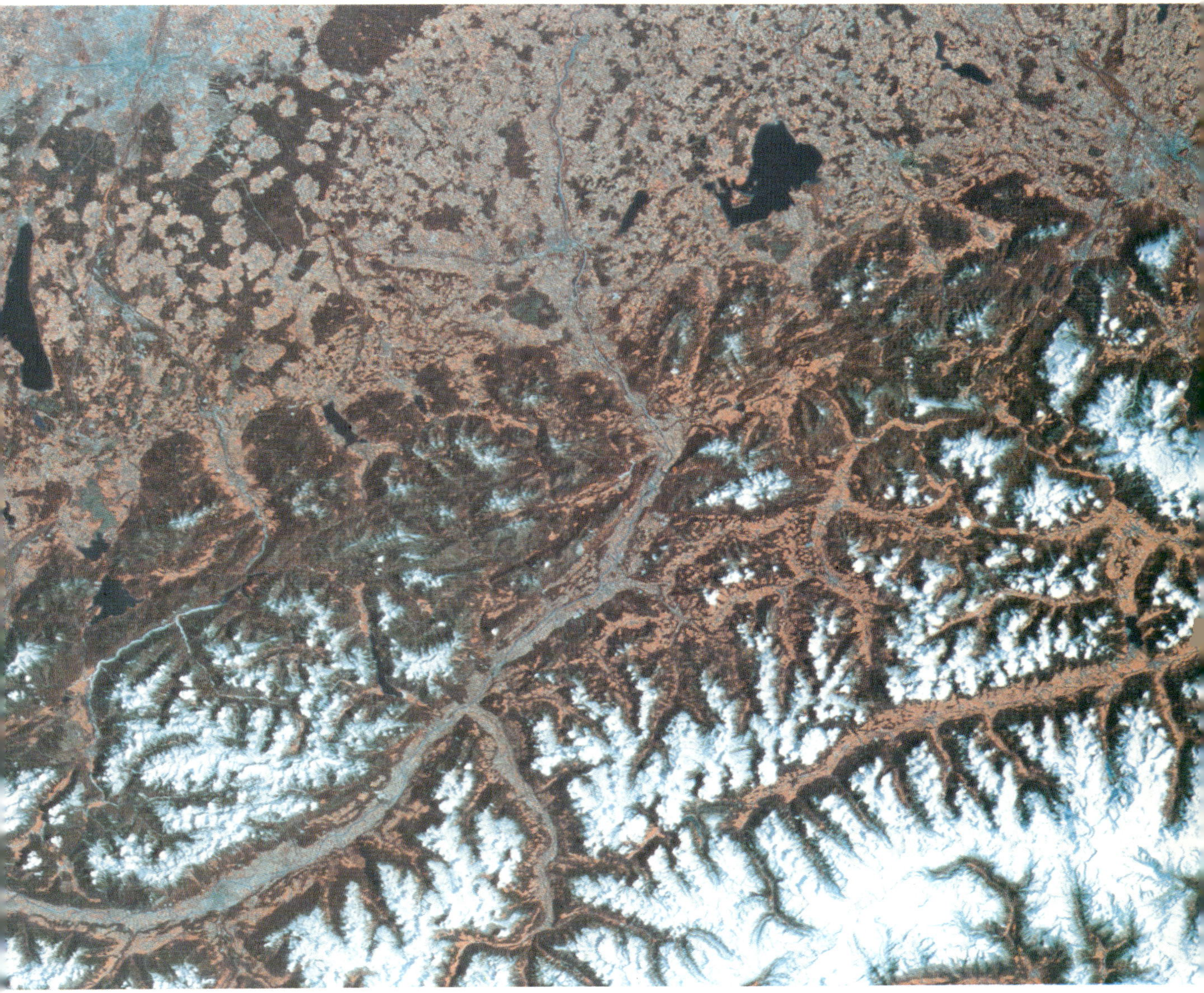

Alpennordrand Salzburg – München aus dem Weltraum gesehen. 10 000 Jahre vor Aufnahme dieses Satellitenfotos ist hier die Entwicklung zum heutigen Landschaftsbild schon weitgehend fortgeschritten. Die Alpen weisen damals noch stärkere Gletscherbildung auf. Starnberger See (links) und Chiemsee (Mitte oben) hatten größere Wasserspiegel. Drei große geologisch-morphologische Landschaftseinheiten erscheinen im Grenzbereich von Tirol, Salzburg und Bayern: Das schneebedeckte Hochgebirge im Süden, die Flußläufe von Inn, Salzach und anderen Gewässern, die nach Norden weisen, sowie das seenreiche Alpenvorland. In der Nordwestecke die Millionenstadt München.
(NASA Landsat vom 2. 6. 77, Id 2862–09012, Bildaufbereitung DFVLR/GSOC Oberpfaffenhofen, Zentralstelle für Geophotogrammetrie und Fernerkundung München)

2500 m
2000 m
1500 m
1000 m
500 m
Fichte
Lärche
Tanne
Arve/Zirbe
Kiefer
Ahorn
Eiche
Andere
Laubbäume

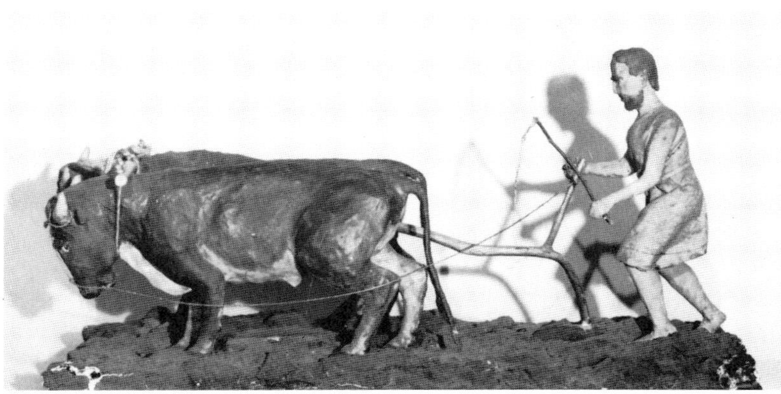

Steinzeitlicher Bauer bei der Feldarbeit. Den Hakenpflug ziehen zwei Rinder. Die nach unten führende Holzgabel steckt in einem flachen, länglichen Stein, der als primitive Pflugschar dient. (Rekonstruktion im Heimatmuseum Rosenheim. Foto: Klaus Förg)

formen, Flaschen erreichen Höhen bis fünfzig Zentimeter (Bruckhof, Landkreis Regensburg). Die Zierformen in Stichtechnik sind in ihrer Ornamentik flechtmusterartig. Als Ursprung gilt die donauabwärts bekannte Lengyel-Kultur aus dem Raum Tolna. Hier ist eine frühe Veränderung vorgegebener Formen durch die Stichkeramik gegeben, ohne daß eine Einwanderung feststellbar wäre.

Das Wirtschaftsgerät bleibt ohne Schmuck.

Erstmals erscheinen in Bayern Tonlöffel.

4000

Die *Jungsteinzeit* (Neolithikum 4000–1700) folgt der Mittelsteinzeit und grenzt an die Bronzezeit. Die Steingeräte sind im Gegensatz zu früheren Kulturen geschliffen und wiederholt durchbohrt. Die »neolithische Revolution« besteht in der Haustierhaltung und im Hackbau sowie im Ackerbau mit Hilfe von Zugtieren. Zum neolithischen Hausgerät gehören Kellen, Schalen und Schüsseln. Feuersteinklingen und Pfeilspitzen sind in Gebrauch. Mahl- und Reibsteine und primitive Handmühlen dienen zur Mehlbereitung.

In Mitteleuropa bilden sich erstmals bäuerliche Kulturen heraus.

Bayerisch *Rössen,* eine steinzeitliche Kulturgruppe des bandkeramischen Kreises, nach dem Fundort Rössen am Bodensee benannt, erscheint und reicht im Süden bis in den Raum Freising und München. Die Gefäße bilden eine Fortentwicklung der Stichbandkeramik und sind in ihrer Zierweise artenreich. Bei den Hienheimer Funden, Landkreis Kelheim, dienen Hörnerformen als Griffe. Die Luftbildarchäologie hat um 1980 befestigte Siedlungen in natürlicher Schutzlage

Im warmfeuchten Klima des Atlantikums (6000–3000) wandern Buche und Tanne ein. Im trocken-warmen Klima des anschließenden Subboreal (3000–900) erfahren sie weite Verbreitung. Die Aufnahme zeigt einen Buchenwald auf dem Samerberg im Herbst.

Linke Seite: Der Bergwald ist zur Haselzeit ein Mischwald, in dem die Fichte überwiegt und der teilweise geschlossene Wälder in der oberen Region bildet. Mit dem Erscheinen des Menschen und der später im Mittelalter beginnenden Almwirtschaft wird der Wald zurückgedrängt. Der erste Siedlernachweis im höheren Bergland stammt aus dem Allgäu in 1400 m Höhe über Oberstdorf.

ermittelt. Dazu gehören Kultplätze, die von doppelten Gräben geschützt sind und vier über Kreuz angelegte Eingänge besitzen (nach H. P. Uenze). Dagegen liegen über den gebräuchlichen Häusertyp keine Informationen vor.

Der Bauer der *Jungsteinzeit* brennt sein Tongeschirr. Er sät und erntet mit Sicheln aus Feuerstein, mahlt das Korn mit Handmühlen und bearbeitet Holz mit »Dechseln« aus Felssteinen. (Die Kenntnis steinzeitlicher Siedlungen ist durch die Luftbildarchäologie der letzten Jahre weit fortgeschritten. Viele der jüngsten Ergebnisse gründen auf den Entdeckungen des 1983 verstorbenen Archäologen Dr. Rainer Christlein).

Im Moränengebiet des Chiemgauer Alpenvorlands sind im Vollneolithikum der Jungsteinzeit erste Siedlungsspuren durch Tonscherbenfunde der Münchshöfener Kultur gesichert.

Die Einwanderung nach Bayern erfolgt während der Jungsteinzeit in großen Zeiträumen. Bewohner des Rheingebietes stoßen in Richtung Osten nach Mainfranken vor. Den Coburger Itztalgrund besiedeln, nach W. Schönweiß, Volksgruppen, die aus Thüringen kommen, während der Donau- und Alpenraum von Osten her kolonisiert wird.

In der Höhle Tiefenellern, Landkreis Bamberg, sind zur Jungsteinzeit Menschenopfer nachgewiesen.

Langhäuser sind die *Hausform* der Linearbandkultur. Unter dem Dach der bis zu 25 Meter langen Bauten befinden sich Wohnhaus, Stall und Scheune. Ein früher Siedlungsplatz ist Hienheim, Landkreis Kelheim, der auch in späterer Zeit von Gruppen der Rössener und Münchshöfener Kultur aufgesucht wird. Aus dem Abfall von Tierknochen gewinnt der Archäologe P. J. R. Modderman, Universität Leiden, eine Übersicht über die *Fleischnahrung* der Menschen zur Linearband-

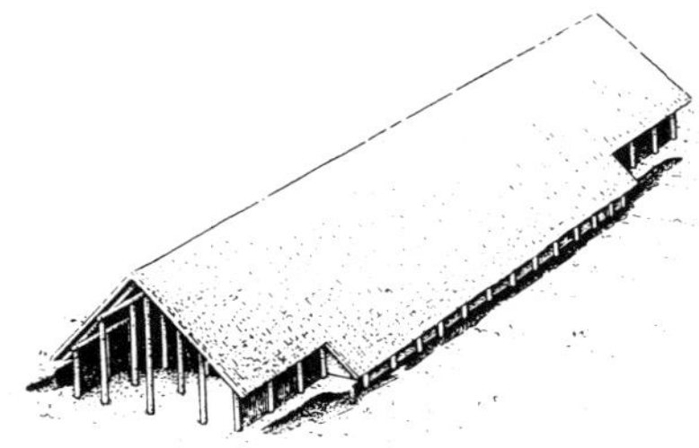

Hausmodell der Jungsteinzeit aus Franken. Der Rekonstruktionsvorschlag zeigt das älteste von 30 m langen Wohnspeicherhäusern der seit 1979 stattfindenden Grabungen bei Schwanfeld, Landkreis Schweinfurt. (Bayerisches Landesamt für Denkmalpflege)

Das Vordringen und die Ausbreitung der Pflanzer und Ackerbauern im 4. und 3. Jahrtausend v. Chr.

zeit. Danach folgen auf Rind, Rothirsch, Schaf und Ziege das Haus- und Wildschwein sowie Reh. Die Reihenfolge ändert sich während der Rössener Kultur, Haus- und Wildschwein rükken an erste Stelle.

Die frühesten Tongefäße sind in Wulsttechnik aufgebaut und noch mit organischem Material gemagert. Sand und Stein führen erst später zu einer geglätteten Form. Kennzeichnend ist erster Schmuck durch tiefgezogene Linien, die der Frühform den Namen *Linearbandkeramik* geben. Die ersten Fundstücke von Gaimersheim bei Ingolstadt erreichen keine zehn Zentimeter Höhe.

Zum kultischen Brauchgut gehören Tierdarstellungen, nachgewiesen in einer sechs Zentimeter großen Becherform aus der Siedlung Hienheim. Das auf vier Füßen stehende Gefäß in Bandkeramik zeigt einen Stierkopf.
Die Linearbandkeramik kennt die plastische Personendarstellung der Frau. Tonfigürchen sind als Idole in Franken in Gaukönigshofen und Zilgendorf sowie im Donauraum in Meindling bei Straubing nachgewiesen.

Der bisher größte Friedhof der Linearbandkeramik wird bei Aiterhofen-Oedmühle, Landkreis Straubing, von 1975–1980 freigelegt. Auf 1,7 Hektar Fläche liegen 122 Körper- und 69 Brandgräber. Die Toten ruhen mit Blick nach Süden hockend, mit angezogenen Knieen. Männern und Frauen sind Muscheln aus dem Mittelmeer als Schmuck beigegeben. Als Haartracht der Frauen ist der Zopf gesichert, der in einem Kranz um den Kopf getragen wurde, mit Donauschnecken geschmückt, von einem Knochenkamm zusammengehalten (Ausgräber: U. Osterhaus).

3500

Die *Altheimer* Gruppe, nach einem befestigten Herrenhof bei Landshut benannt, erscheint. 120 Pfeilspitzen, Skelettreste von im Kampf getöteten Personen sowie das Fehlen einer Grabbestattung weisen darauf hin, daß die Gruppe aufgerieben oder vertrieben worden ist. Die Keramik unterscheidet sich von der anderer neolithischer Gruppen durch weichen Ton und Formen, die nur einen Arkadenrand als Schmuck aufweisen. Erstmals erscheint das bereits bekannte Sichelmesser in einteiliger Ausführung. Im Gegensatz zur bandkeramischen Sichel besteht es nur noch aus Plattensilex. Neben Steinbeilen für die Arbeit werden Knaufhammeräxte als Waffe verwendet. Diese sind nach südosteuropäischen Metallvorbildern aus Stein gearbeitet.

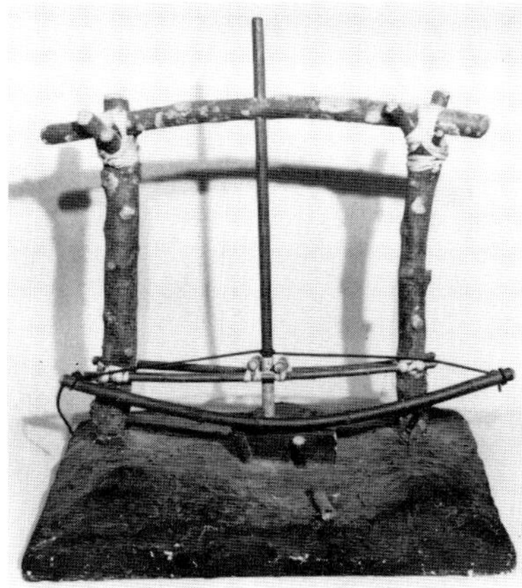

Steinzeitlicher Steinbohrer im Modell. Die Schnur des Bogens ist einmal um den Bohrerschaft geschlungen, der durch Hin- und Herziehen des Bogens rotiert. In einer stundenlangen Bewegung wird im Stein das Loch für den Holzschaft gebohrt. (Modell Heimatmuseum Rosenheim. Foto: Klaus Förg)

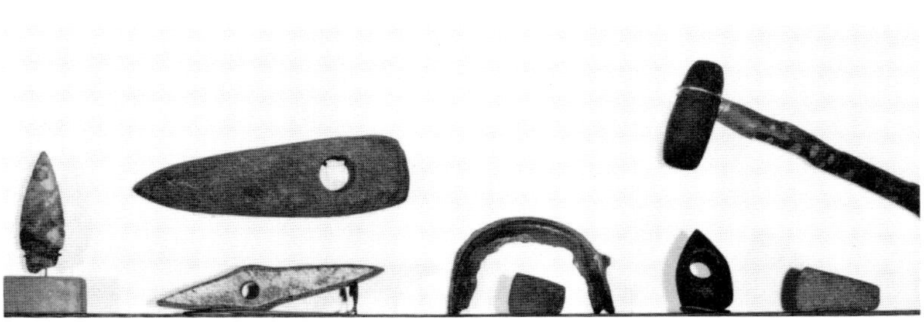

Gerätschaften aus der Jungsteinzeit. Von links: Silex-Dolchklinge, Steinhammer (oben), Prunk- und Kultaxt aus Serpentinit (unten), Sichelrest, Steinhämmer und Steinaxt (oben). (Heimatmuseum Rosenheim. Foto: Klaus Förg)

Die *Pollinger Gruppe* erscheint zeitgleich mit der Altheimer Gruppe, benannt nach dem Fundplatz im Landkreis Weilheim-Schongau. Frühformen von Gerberei sind wahrscheinlich, da die Menschen der Häute und Felle wegen bevorzugt Wild jagen. In der Keramik erscheinen schüssel- und flaschenartige Gefäßformen.

Der Schuhleistenkeil der Jungsteinzeit ähnelt der Leistenform von heute. Er besitzt eine flache und eine gewölbte Seite und dient als Keil zum Holzspalten sowie als Pflugschar.

3000

Im *Inntal* stehen Eichenwälder. Sie bilden sich im Atlantikum, der Erdzeit, in der ein ausgeglichenes Seeklima die nacheiszeitliche Erwärmung bewirkt. Reste dieser Wälder werden 1950 zwischen Au und Flintsbach und bereits früher nördlich der Autobahn München-Salzburg in drei bis vier Meter hohem Innkies gefunden. Die C14-Bestimmung ergibt ein Alter von 4455 plus/minus 70 Jahren.

In Nordbayern erscheint die aus Westdeutschland kommende *Michelsberger Kultur.* Die Tongefäße, bevorzugt Tulpenbecher mit runden Böden, die kein Abstellen des gefüllten Behälters erlaubten, haben nach Altheimer Art einen Arkadenrand.
Es sind keine Grabbestattungen bekannt. Siloartige Massengräber lassen auf Gewaltanwendung schließen.

Während der Steinzeit beträgt die *Lebenserwartung* der Männer im Durchschnitt 41 Jahre, die der Frauen 38 Jahre. In den Gräbern von Dürrnberg bei Hallein verweisen Funde auch vereinzelt auf ein Alter von 60–70 Jahren. Die höchste Sterblichkeit erreichen Frauen im Alter von 20–26 Jahren mit circa 25 Prozent, was auf die hohe Sterblichkeit bei Geburten zurückzuführen ist.

Objekte der bildenden Kunst in der jüngeren Steinzeit sind der Mensch, bevorzugt die Frau, und das Tier, in linearer Darstellung auf Keramiken. Ein Wulstrelief auf einem Gefäß ist aus Landau/Isar bekannt. Die mystische Vorstellung im Stil südosteuropäischer Tradition erfolgt jedoch erst später.

Die Menschen bestatten ihre Toten auch in Mooren. Frühester Nachweis in Bayern ist die *Moorleiche* eines Kindes bei Traunstein. Die Grabbeilage ist eine Fußschale vermutlich Münchshöfener Art (A. Dieck). Bei weiteren dreißig bekannten Moorleichen ist eine Zeitbestimmung nicht möglich.

Vor der Jungfernhöhle bei Tiefenellern, Landkreis Bamberg, finden im frühen Neolithikum Menschenopfer statt, verbunden mit kannibalischen Mahlzeiten. In der Schachthöhle sind Körperteile von 38 Personen, vorwiegend Mädchen unter vierzehn Jahren, sowie Reste einer männlichen Person nachgewiesen, deren Hirnkapseln und Markknochen gewaltsam geöffnet wurden. Die Opferung galt einem Fruchtbarkeitsgott in der Erde. Der Kannibalismus führt auf die Vorstellung zurück, wonach durch den Verzehr »Kraft und Wirkung des Opfers auch auf die eigene Person übertragen« werden. Die Erinnerung an dieses Brauchtum vor nunmehr 5000 Jahren lebt im Volk durch eine Jungfernsage bis heute fort (nach W. Torbrügge und H. P. Uenze).

In den Bayerischen Alpen sind achtzig bis neunzig Prozent des Berglands bewaldet. Fichten-, Tannen- und Mischbestände bestimmen das Landschaftsbild der unteren und mittleren Lagen. In der oberen Region, bis zweitausend Meter, überwiegen neben Fichten- und Lärchenbeständen reine Fichtenwälder.

Vergleich: Bau der Pyramiden.

In Skandinavien jagen die Einwohner auf Skiern nach Wild, worüber Höhlenzeichnungen in Norwegen berichten.

Die älteste bekannte *Schrift* der Welt ist eine Bilderschrift aus Kish, in Südmesopotanien. Auf Kacheltäfelchen sind Zahlzeichen, ferner Kopf-, Hand- und Fußdarstellungen eingeritzt.

Das bayerische Bergland ist Ende des Atlantikums weitgehend (80–90%) bewaldet. Der Fichten-, Tannen- und Mischbestand wird später (unter anderem durch Almwirtschaft), auf rund die Hälfte reduziert. Die Aufnahme vom Brünnstein (1981) über dem Inntal vermittelt die Vorstellung einer reichen Bewaldung. In Wirklichkeit reicht diese nur noch bis in die mittleren Höhen. Die Waldgrenze des Atlantikums von 2000 m Seehöhe ist inzwischen auf 1600 m (Funtensee 1700 m) Seehöhe abgesunken.

2800

Erste künstliche Befestigungsanlagen für Siedlungen im Donauraum.

2500

Der erste prähistorische *Schatzfund* in Bayern stammt aus dem 3. Jahrtausend vor Christi Geburt. Es ist ein Depot von fünf spitzhackigen Steinbeilen und einem Kupferbeil bei Großheubach im Landkreis Miltenberg.

Menschen der Jungsteinzeit leben zumindest vorübergehend auf der *Herreninsel* im Chiemsee, was ein Steinbeilfund im Jahr 1983 beweist.

2000

Die *Kupferzeit* beginnt, sie wird um 1800 von der Bronzezeit abgelöst. Das erste Metall in Bayern bewirkt einen vielfältigen Wandel in der Lebensführung. Nicht nur auf den Feldbauern, dem nur steinzeitliches Gerät bekannt ist, übt es eine magische Wirkung aus. Neben kupfernen Dolchen und Pfeilspitzen kennt man Kupfer als Schmuck. Die bisherige neolithische Selbstversorgergesellschaft schafft sich Bedürfnisse, die nicht mehr allein notwendigen Bedarf decken.

Nahrungsmittel werden gegen nicht mehr selbstgefertigte Ware getauscht. Frühe Formen des Handels kommen auf.

Das *Endneolithikum* (2000 bis 1800) beginnt. Zum Schluß der Steinzeit erscheinen Gräber mit reichen Grabbeigaben, aus denen man Rückschlüsse auf die Kultur der einzelnen Gruppen gewinnt. Darunter findet sich Glockenbecher- und Schnurkeramik. Kennzeichnend ist eine Vielzahl von kleinen Gemeinschaften mit gleichen Kulturformen.

Die *Chamer* Gruppe, nach dem 1951 entdeckten Fundgebiet im gleichnamigen Landkreis benannt, siedelt in Böhmen und dem Donauraum, und ist auf der Roseninsel im Starnberger See sowie am Inn bei Rosenheim verbürgt. Das Schutzbedürfnis der Menschen war offenbar groß, da sie überwiegend an leicht zu verteidigenden Plätzen siedelten.

Die im Doblergraben bei Rosenheim gefundene Keramik ist grob und wenig sorgfältig ausgeführt.

Die *Schnurkeramik* weist in ihrem Ursprung auf südrussische Steppenvölker. Streitäxte und Tonware mit Schnurverzierungen sind nur in Unterfranken gesichert. Die Toten dieser Kulturphase werden in Hockerstellung mit Blickrichtung Mittag bestattet, die Gräber sind von Morgen nach Abend ausgerichtet.

Zu Beginn des zweiten Jahrtausends bringen im Endneolithikum die *Glockenbecherleute* (2000–1700) aus Westeuropa eine neue, nach ihnen benannte Kultur mit. Es sind Gefäße in Glockenform mit Kerben- oder Rädchenmusterverzierung am Ende der Jungsteinzeit.

Grabgefäße des Endneolithikum (Jungsteinzeit) um 2000 v. Chr., gefunden 1981 in Landau bei Straubing. (Prähistorische Staatssammlung)

Die Männer der Glockenbecherzeit kennzeichnet ein Armschutz aus Stein oder Knochen, der den linken Vorderarm vor der zurückschnellenden Sehne des Bogens schützt.

Die Glockenbecherkeramik zählt an technischer Entwicklung, Form und Dekor zu den besten Zeugnissen der spätneolithischen Kultur in Europa.

Die Glockenbecherleute bestatten ihre Toten an der Donau in Hockerstellung. Die Männer liegen auf der linken Seite mit dem Kopf nach Norden, die Frauen auf der rechten in umgekehrter Lage. Die Gräber sind flach im Gegensatz zu den Hockergräbern der Schnurkeramikzeit, in denen die Frauen links, die Männer rechts, beide mit Blickrichtung nach Süden bestattet sind.

Im *Subboreal* (4000–1100 v. Chr.) ist das Klima wärmer und trockener als heute. Die Leute der Bronzezeit (Spät-Neolithikum) besiedeln die Alpentäler, aus denen sie sich später, als sich das Klima verschlechtert, wieder ins Alpenvorland zurückziehen.

Die Menschen der *Badner Kultur* (Baden bei Wien) besitzen bereits Hauspferde. Erster Nachweis von Pferd und Wagen im Donauraum mit Einflüssen aus Kaukasien.

Apfel, Birne, Kirsche, Schlehe, Kornelkirsche, Weinrebe, Himbeere, Brombeere und Schwarzer Holunder sind die Kern- und Beerenfrüchte, die bereits im Neolithikum (Jüngere Steinzeit, 4000–1800 v. Chr.) im Alpenvorland durch Obstreste verbürgt sind. Die in Siedlungsnähe wild wachsenden Pflanzen sind in prähistorischen Pfahlbaugebieten nachgewiesen. Eine Kultivierung (Veredlung) von Wildobst ist im süddeutschen Alpenvorland wahrscheinlich.

Vergleich: Ägypten wird Großmacht im östlichen Mittelmeer.

1900

Das älteste Zeugnis für ein *Scheibenrad* stammt aus Ungarn. Es folgen spätestens 1000 v. Chr. Räder mit vorerst vier und später mehreren Speichen.

1800

Die Bronzezeit (2000–1200). Neuer Werkstoff aus neun Teilen Kupfer und einem Teil Zinn. Schon im Ausgang der Jungsteinzeit ist das *Kupfer* als Werkstoff erstmals verwendet worden. Geschmeidig und weich, konnte es leicht verarbeitet werden. Aus reinem Kupfer sind deshalb die ersten Metallgeräte hergestellt worden. Freilich, eine Verarbeitung zu »handfestem Gerät« ließ es nicht zu. Die Steinbeile blieben noch länger im Gebrauch. Kupfer wurde im Salzkammergut auf der Mitterbergalm und in Einödsberg bei Bischofshofen, in der Gegend von Kitzbühel und Schwaz nachweislich abgebaut, wo sich die vorgeschichtlichen Schürfgänge an den Bergwänden noch abzeichnen. Auch Stollen wurden schon angelegt. In den Schächten wurden Feuer angezündet und durch rasches Abkühlen mit Wasser das Gestein gelockert und die Blöcke durch nasse Holzkeile abgesprengt, das Kupfer herausgeschmolzen.
Mag es blinder Zufall oder menschlicher Erfindergeist gewesen sein, der die *Bronze* schuf, jedenfalls brachte dieses goldglänzende neue Metall eine bedeutsame Wende in der kulturellen Entwicklung. Eine Legierung von neun Teilen Kupfer und einem Teil Zinn erwies sich als günstig und ergab den neuen, härteren Werkstoff. Das »Goldene Zeitalter« der Bronzezeit hatte begonnen. Es entwickelte sich das neue Handwerk der *Bronzegießer* und *Schmiede.* Als Rohmaterial zu weiterer Verarbeitung wurden Barren in Spangen- und Ringform gegossen. Sie waren gleichzeitig als *Handels- und Tauschware* begehrt. Aus Versteck- und Hortfunden werden sie uns offenbar, so in 36 Ösenringbarren vom Hausanger

Zugrichtung der Heere und Händler im frühen 2. Jahrtausend v. Chr.
——— Hirtenvölker aus der Steppe .... Glockenbecherleute

des Schmiedeanwesens zu Brandstätt. Gem. Neukirchen/ Alz. Hierher zählt auch ein Hortfund von Thalhausen, Gem. Burgkirchen/Alz.
(Dirscherl: Chronik »Garching an der Alz«, 1967)

Aus der Bronzezeit ist keine figürliche Darstellung bekannt, Bildformen sind selten.

Zur Körperbestattung kommt in der frühen Bronzezeit die Leichenverbrennung. »Gemeinsam ist allen Regionen der Grabhügel, in der Anhäufung sakraler Erdkräfte als dauerhafte Stätte« (W. Torbrügge).

Aus dem Zelt der Nomaden entwickelt sich die frühe *Hausform:* drei schräg in den Boden eingegrabene Stangen, die ein Dreieck bilden und oben gebündelt sind. Die Abdeckung erfolgt mit vorhandenem Material: Ästen, Zweigen, Weidenruten, Schilf. Die Anordnung in doppelter Ausführung und mit einer Firststange verbunden, ergibt die erste Langhausform mit Schopfwalmdach. Dieses besitzt außer dem Eingang die einzige Öffnung in dem Dachhaus, durch die der Rauch des Feuers abzieht. Es ist das erste »Fenster« (das englische window), das die Funktion eines Kamins hat.

1790

Vergleich: Babylon entsteht am Euphrat und wird Mittelpunkt der altorientalischen Kulturwelt.

Vergleich: Das Zelt der Nomaden aus vorchristlicher Zeit behauptet sich als Schilfbau an Seen in Noricum bis zu Beginn dieses Jahrhunderts. Die Aufnahme zeigt eine Rekonstruktion am Neusiedler See im Burgenland.

1700

Erste bekannte Siedlungsspuren im Chiemgauer Achental in Form von Bronzebarren im Kapellenacker von Unterwössen. Beginn der *Almwirtschaft.* »Rabenden« ist ein früher Almname (rava = Stein).

1600

In der *Bronzezeit,* dem »Goldenen Zeitalter Europas«, setzt in Mitteleuropa generationenlang eine kulturelle Entwicklung ein, die wenig durch kriegerische Auseinandersetzungen gestört wird. Haushaltgegenstände, Gerät und Waffen dienen nicht mehr allein Lebensnotwendigkeiten, sondern entspringen einem Schönheitssinn. Erste Arten von Luxus werden bekannt.

Die *Bernsteinstraße* führt von Jütland entlang der mitteldeutschen Flüsse Weser, Saale, Elbe durch das Inntal und über den Brenner zur Adria bis in das mykenisch-ägäische Griechenland. Der Handelsweg hat als Austausch- und Begegnungsmöglichkeit Bedeutung. Das fossile Harz Bernstein ist als Schmuck bereits zur Bronzezeit in Bayern gefragt und ein Artikel des europäischen Fernhandels.

Ein namenloses prähistorisches Volk lebt an der mittleren Donau bei Preßburg in sogenannten »*Tells*«, Wohnhügeln. Es sind auf den Fundamenten der Vor-

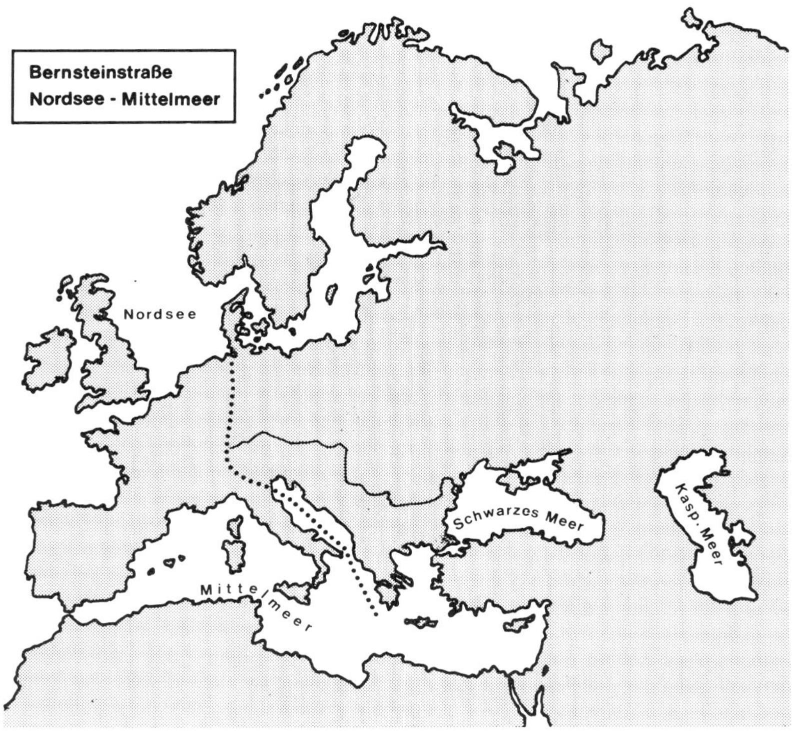

Die Bernsteinstraße zur Bronzezeit führt von der Nordsee zum Mittelmeer auf der Route: Weser-Rhein-Elbe, Brenner-Venedig-Peloponnes. Der fossile Schmuck ist in Bayern gefragt.

bewohner aufgebaute Lehmziegelhäuser, die künstliche Hügel bilden.

Das *Zelthaus* entwickelt sich weiter und besitzt eine Wohngrube. Der Aushub wird außen als Erdwall aufgeschüttet und später durch trocken aufgeführte Steine sowie Stämme zu einer Mauer ausgebildet. Damit weicht das dem Nomadenzelt folgende Nur-Dachhaus der noch heute gebräuchlichen Hausform mit gerade aufgeführten Mauern und Giebeldach. Als Material finden für Mauern Holz, Land- und Flußsteine sowie Erde Verwendung.

1500

In Bayern wird der *Kupferbedarf* weitgehend aus den alpinen Bergwerken zwischen Inn und Salzach gedeckt.

Vergleich: Blütezeit der Minoischen Kultur und Paläste auf Kreta.

1250

Vergleich: Die antike Stadt Troja in Kleinasien wird zerstört.

1200

Die *Urnenfelderzeit* fällt mit der späten Bronze- und der frühen Hallstattzeit zusammen, dauert 400 Jahre und ist eine Folge der von Osten kommenden großen europäischen Völkerbewegung. Der Name bezieht sich auf die überlieferten Brandbestattungen. Die Asche der Toten wird in

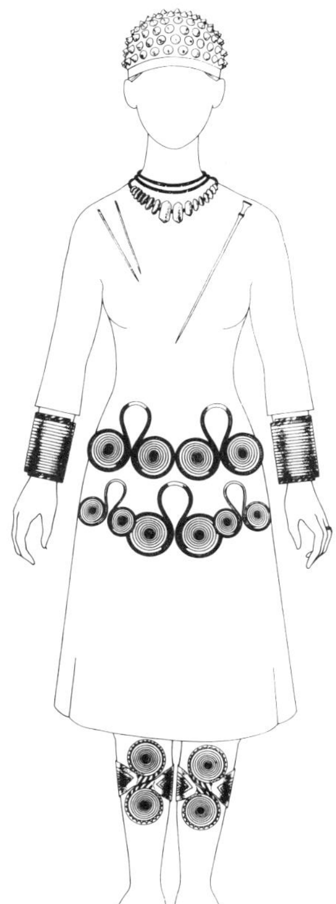

Frauen werden in der späten Bronzezeit mit reichen Schmuckbeigaben beigesetzt. Der Rekonstruktionsvorschlag zeigt die Tracht einer Frau aus Pflaumheim im Landkreis Aschaffenburg (Bayerisches Landesamt für Denkmalpflege).

Urnen entweder in flachen Grabfeldern oder in Hügelgräbern beigesetzt. Bedeutendster Fund ist in der Landschaft zwischen Inn und Salzach ein Fürstengrab in Hart an der Alz.

Erster Nachweis eines *Rades* in Bayern. In Hart an der Alz findet 1953 ein Bub in einem Garten Bronzestücke, die zu einem Wagengrab aus der Urnenfelderzeit führen. Die Fundstücke, Achsenkappen, Nabenbeschläge, Speichenschuhe und Vogelfigürchen ermöglichen die Rekonstruktion eines vierrädrigen Gefährts mit einem Felgendurchmesser von ungefähr 80 cm, das der frühen Hallstattzeit zuzuordnen ist. Der Wagen wird als Grabbeigabe eines bedeutenden Kriegers gedeutet. In dem Adelsgrab werden neben den bereits gebräuchlichen ungesicherten Gewandnadeln erstmals sogenannte Fibeln gefunden. Es ist die erste Form der Sicherheitsnadel. Das aus Bronze oder Eisen geformte Schmuck- und Gebrauchsstück wird als früh- oder vorkeltisches Zeugnis gewertet.

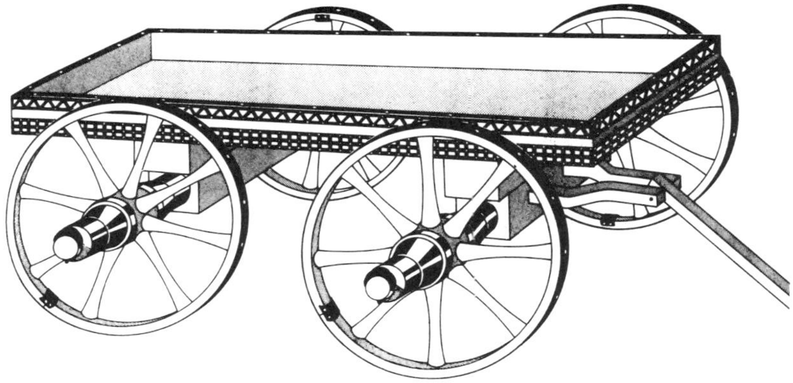

Bronzebeschlagener Totenwagen aus Rappersdorf, Landkreis Kitzingen, Raddurchmesser ca. 85 cm. Der Brauch, vornehme Krieger mit Waffen und Gerät auf Wagen, teilweise in Kammergräbern, brandzubestatten, ist weitverbreitet, wenn auch unterschiedlich in Ausübung und Grabform. (Rekonstruktion Bayerisches Landesamt für Denkmalpflege)

Die *Illyrer,* ein indogermanisches Volk, stoßen vor 1200 v. Chr. aus Mitteleuropa in den Nordwestteil der Balkanhalbinsel vor. Ihre Wanderungen führen sie außer nach Griechenland und Italien auch in Nordalpenländer. Sie siedeln am Inn, was durch Waffenfunde in St. Moritz und flußabwärts belegt ist.

Das *Schwert,* bisher im Donauraum nur als Stich- und Stoßwaffe bekannt, bildet sich als Hiebwaffe heraus.

Vergleich: Die Dorische Wanderung nach dem Peloponnes (–900) beginnt.

1190

Vergleich: Ramses III. besiegt die Seevölker im Nildelta.

1000

Die *Laténekultur* nimmt in Ost-Pannonien (Ungarn) im Donau-

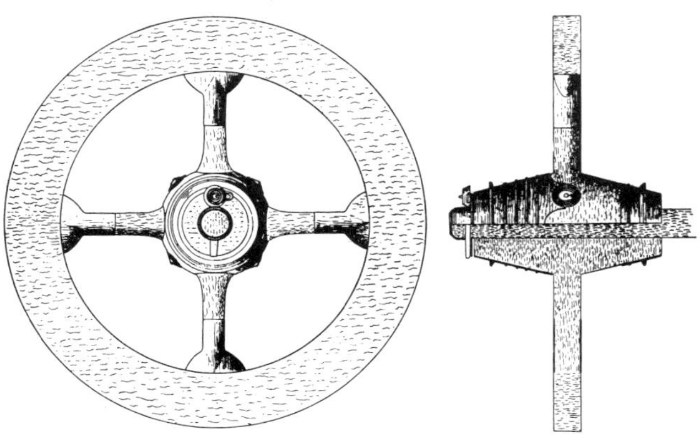

Rad aus dem Wagengrab von Hart a. d. Alz. Das Brandgrab der älteren Urnenfelderzeit barg die Bronzereste eines Prunkwagens sowie die Waffen eines möglicherweise berittenen Kriegers. (Rekonstruktion aus: Dirscherl/Garching an der Alz)

Kleiner Einbaum aus der Vorzeit. Nachbildung nach Moorfunden im schwäbischen Raum, im Freilichtmuseum deutscher Vorzeit, Unteruhldingen am Bodensee.

Fischerraum der Vorzeit mit Netzen, Steigbaum zum Dachboden und Aalreuse aus einem Pfahldorf, im Freilichtmuseum Deutsche Vorzeit, Unteruhldingen am Bodensee. Die Gegenstände sind Funden im Moor des Federsees sowie in Seen der Ostalpen nachgebaut.

raum ihren Anfang. Stromaufwärts begegnet man in reichen Silberarbeiten drei Kulturformen: Es ist die Klassik aus dem Mittelmeerraum, die Kultur der Nomaden und jene der Kelten. Die Donau ist damit eines der Ursprungsgebiete mitteleuropäischer Kultur.

Die Menschen der Bronzezeit kennen bereits das *Blockhaus,* eine der ältesten Holzbaukonstruktionen.

In den urnenfelderzeitlichen Siedlungen erscheint eine erste Form des Firstbalkens. Die Pfostenhäuser sind ebenerdig und rechteckig.

Leichenverbrennung auf dem Scheiterhaufen ist eine Form der *Bestattung.* Der Glaube an ein Fortleben nach dem Tod ist gegenwärtig. Saugfläschchen erscheinen als Grabbeilagen für Kinder. Die Asche von Männern wird, wie Funde aus dem Donauraum beweisen, in Urnen mit engem, die von Frauen in solchen mit weitem Hals beigesetzt.

In der Plastik dominiert das *Vogelbild* in vielen Variationen – als Vogelbarke, Vogel-Sonnenbarke. Andere Themen finden sich kaum.

900

Vergleich: Den Königen David und Salomo gelingt die Einigung der Stämme Israels.

Ein *Klimasturz* leitet zu Beginn der Eisenzeit eine der großen *Völkerwanderungen* und kriegerischen Auseinandersetzungen ein. Seither hat das Klima keine grundlegende Veränderung mehr erfahren. Dem warmen und trockenen Subboreal folgt um 1000 v. Chr. das kühle und feuchte Subatlantikum. Das Klima ist ähnlich wie heute. Buche, Fichte und Tanne bilden Mischwälder, wobei die Fichte die größte Verbreitung erreicht.

Pfahlbaudörfer gehören von der Jungsteinzeit (5000) bis zur späten Bronzezeit (800) zu den Siedlungsformen an Seen des Nordalpenrands. Sie sind u. a. an Zürichsee, Federsee, Oberschwaben und Bodensee durch Pfahlreste und Gerätfunde gesichert. Am Chiemsee fehlt ein Nachweis, im Starnberger See haben sich die Spuren bei der Roseninsel als nicht stichhaltig erwiesen. Die meisten Seeufersiedlungen der Vorzeit bestehen aus Landbauten. Die Aufnahme zeigt Pfahlbauten im Freilichtmuseum Deutsche Vorzeit, Unteruhldingen, Bodensee.

Die *Gletscher* der Gegenwart sind keine Rückstände aus der Eiszeit, sondern neue Vergletscherung, die sich nach dem Abklingen des warmen Klimas im Atlantikum wieder gebildet haben. Die Schneeregion (Firngrenze), in der der Schnee in waagrechter Lage ganzjährig liegenbleibt, setzt an der Alpennordseite bei 46° nördlicher Breite zwischen 2500 und 2800 Meter ein. In den Bayerischen Alpen gibt es die Eisregion nur noch im Blaueis am Hochkalter in den Berchtesgadner Alpen, dem nördlichsten Gletscher der Alpen sowie auf dem Schneeferner, einem Kargletscher auf dem Zugspitzplatt. Dagegen sind der Schwarzmilzferner in der Mädelegabel-Gruppe, der Parseierferner in den Lechtaler Alpen, der Höllentalferner im Zugspitzmassiv sowie Watzmanngletscher und Übergossene Alm teilweise nur noch »auf Karten erhalten«. Gletschervorstöße gibt es im 18. Jahrhundert sowie um 1850, seither geht das Firneis mit Ausnahme des Jahres 1920 zurück.

850

Kultwagen zählen zum Ritualbrauchtum.

Blaueis, der nördlichste Gletscher der Alpen am Hochkalter, Berchtesgadener Land, verschwindet nach der letzten Eiszeit, bildet sich neu und schrumpft bis heute auf eine steile Eisrinne von einem Kilometer Länge und 250 Meter Breite zusammen (Foto Ernst Baumann)

814

Vergleich: Die Phönizier gründen Karthago an der Nordküste Afrikas, das später zum Rivalen von Rom wird.

800

Im Chiemgau lebt ein Bauernvolk illyrischer Herkunft, im Inntal siedelt der Stamm der *Breonen.* Bronzemesser und

Die Gletscher bilden sich auf den Hochflächen der Alpen neu. Das gepreßte und gelagerte Eis bewegt sich durch den Zug der Schwerkraft talwärts, dabei bilden sich Gletscherspalten, die bis zu 20 m breit und 100 m tief sind. Bei stärkerem Gefälle bewirkt das Eigengewicht Querspalten, bei Ausdehnungen in die Breite Längsspalten.

Schenkelringe aus dem Achental sind frühe Hinweise.

Die Töpferei, bisher meist zum Eigenbedarf betrieben, entwikkelt sich zum Handwerk.

Bieramphoren sind der früheste Nachweis für dieses Getränk in Deutschland. Fundort Kasendorf bei Kulmbach.

753

Vergleich: Rom wird nach der Sage gegründet.

Die Bewaffnung und Panzerung eines Herrn aus der Urnenfelderzeit um 850 v. Chr. Aus: Das archäologische Jahr in Bayern 1981. (Bayerisches Landesamt für Denkmalpflege)

750

Die *Hallstattkultur* (800–430 v. Chr.). Die ältere Eisenzeit bringt einen neuen Werkstoff. Wurde das Eisen in der vorausgegangenen Zeit nur sehr sparsam verwendet, etwa als schmückende Einlagen in Schwertgriffen, wie bei einem Bronzeschwert aus dem Inn bei Töging oder in dem Auvernierschwert mit Elfenbeinknauf und Eiseninkrustierung aus dem Gräberfeld von Bruck/Gendorf, so wird es nun zum wichtigsten Werkstoff für Waffen und Geräte. Durch Ausschmelzen des Erzes wurde es willkommenes Rohmaterial zur weiteren Verarbeitung. Die Eisenzeit war angebrochen. Sie wird auch Hallstattzeit genannt nach dem Ort Hallstatt am gleichnamigen See im Salzkammergut. Dort wurde im vergangenen Jahrhundert ein bedeutendes *Gräberfeld* angetroffen, Wohnbaureste aus Holz freigelegt und Funde aus vorgeschichtlichem Salzabbau entdeckt und geborgen. Diese Kultur ist weit verbreitet, besonders in Nordbayern, im Main- und Juragebiet, an der Donau und im Schwabenland, spärlicher in Südostbayern. Hier liegen die *Fundorte* vor allem an Traun und Alz. Aus der Hartfläche legen mehrere Hügelgräber Zeugnis ab von der Besiedlung durch die Hallstattleute. (Dirscherl: Chronik »Garching an der Alz« 1967).

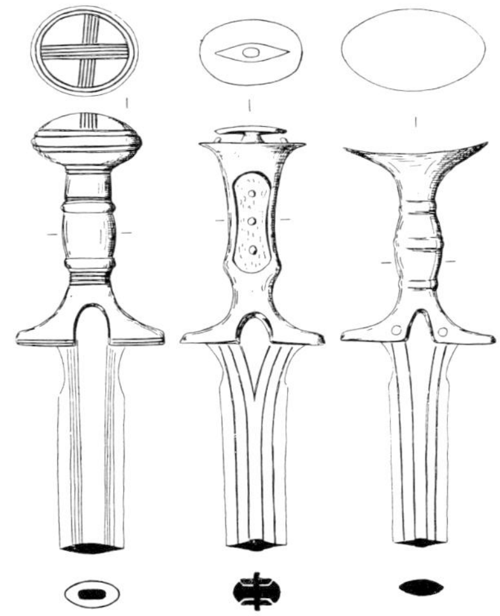

Vollgriffschwerter der Urnenfelderzeit aus dem Hortfund bei Preinersdorf, Gemeinde Gstadt am Chiemsee. Links mit kugeligem Hohlknauf, Mitte mit Holzeinlage im Griff, rechts mit Schalenknauf. Die Bronzeschwerter wurden 1898 in einem Tongefäß gefunden. Die Art des Fundes läßt auf eine Weihegabe schließen. (Zeichnungen W. Torbrügge in Vor- und Frühgeschichte in Stadt und Landkreis Rosenheim)

Bogenfries aus der Hallstattzeit um 700.

Salz begründet als »weißes Gold« den Aufstieg der Hallstattkultur. Der Handelsraum der griechischen Kolonie von Massilia (Marseille) reicht um die Mitte des 6. Jahrhunderts v. Chr. bis in die Schweiz und den oberen Donauraum.

Der Steinbucher Forst, Gemeinde Pfaffing, dient zur Hallstattzeit als Totenstätte. In dem größten bekannten *Grabhügelfeld* des Landkreises Rosenheim sind aus der Zeit zwischen 800/750 und 500/450 bis heute 132 Begräbnisstätten in Hügelform bekannt.

Landwirtschaft und dörfliches Handwerk bestimmen das Alltagsleben zur Hallstattzeit. Eisen ist zum wichtigen Werkstoff geworden. Die Schmiede und Metallarbeiter kennen bereits einfache Vorformen der *Drehbank*.

Zum Reiten kommt das Fahren mit dem Wagen. Beide Arten der Fortbewegung entsprechen dem gesteigerten zivilisatorischen Anspruch des Hallstattmenschen.

Urnenfelder- und Hallstattkultur breiten sich nach Westen aus. Die Handwerker zeichnet hohes technisches Können aus, das in Bronze-, Silber- und Goldgerät überliefert ist. Charakteristisches Dekor ist der »Hallstatt-Vogel« in Verbindung mit der Sonne.

Die Illyrer siedeln im heutigen bayerisch-österreichischen Ostalpenraum. An sie erinnern noch Fluß- und Ortsnamen: Lech (Licus) und Scharnitz (Scarant = Sandfels). Ein Fund von langen Schwertern bei Hallstatt läßt einen kräftigen Menschentyp vermuten.

Die Toten werden fast einheitlich mit dem Kopf gegen Süden und Blick nach Norden bestattet. Gräber mit Mann und Frau schließen Witwentötung nicht aus.
Der *Inn* bildet während der Hallstattzeit eine Grenzscheide zwischen Ost und West. Als Waffe dient im Osten die Streitaxt, im Westen sind Schwert und Dolch bekannt. Fibeln und Ringe kennzeichnen eine Innlinie. Der pyramidenförmige Eisenbarren fehlt als primitives Geld im Osten von Etsch, Eisack und Inn. Es ist wahrscheinlich, daß der östliche Raum ein wirtschaftlich geschlossenes Gebiet bildete (nach L. Pauli).

Vergleich: Erste Münzprägung in Kleinasien.
Die Etrusker bilden in Mittelitalien ein Volk aus verschiedenen Stämmen.

650

Die Gutshöfe werden in Südbayern von vier Seiten umfriedet angelegt.

Der Dolch dient nicht mehr nur als Kampfwaffe, sondern wird auch als Schmuckwaffe zum Zeichen des Ansehens seines Besitzers getragen.

600

Zur Zeit der frühen Hallstattkultur ist das Leben von balkanisch-skythischen Einflüssen be-

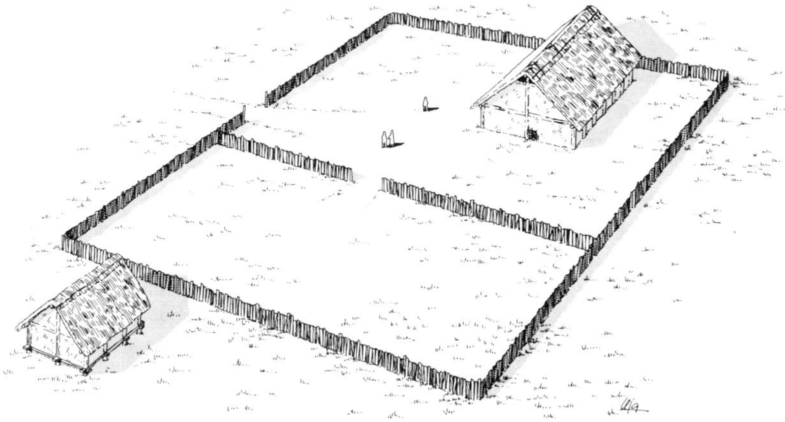

Herrenhof aus der Urnenfelder- oder Hallstattzeit. Rekonstruktion der Siedlung, die 1980 die bayerische Luftbildarchäologie bei Kirchheim vor München entdeckt hat. (Prähistorische Staatssammlung München)

Frauenhalsschmuck der Hallstattzeit, einer Frühform europäischer Kultur. Sie erlebt in der Mitte des letzten vorchristlichen Jahrtausends am Nordalpenrand eine Blüte. Die nach dem Fundort Hallstatt benannte Epoche erscheint bei Illyrern und Kelten. Kennzeichnend ist die geometrische Form. Der Halsring stammt aus dem Fürstengrab von Uttendorf in Oberösterreich. (OÖ-Dienst)

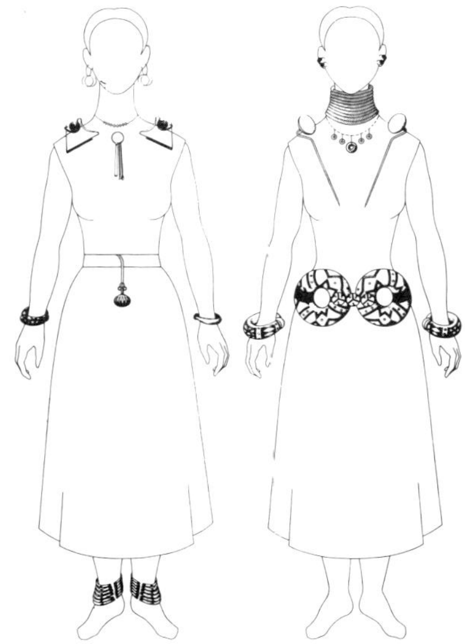

Frauenschmuck der Hallstattzeit aus Nordbayern, 7./6. Jahrhundert v. Chr. Rekonstruktionsversuch von Trachten aus zwei Gräbern in Unterfranken. Die unterschiedliche Ausstattung läßt nach dem Ausgräber Ludwig Wamser regionale Modeerscheinungen und soziale Unterschiede erkennen. (Bayerisches Landesamt für Denkmalpflege)

stimmt, die in Gebrauchsgegenständen von Haus- und Felsgerät überliefert sind.

Der Wohlstand findet in verfeinerten Kulturformen Ausdruck. Es erscheint mehrfarbige Keramik unter anderem in Schwaben und Nordostbayern. Der Handel mit weitentfernten Ländern ermöglicht den politisch und wirtschaftlich führenden Schichten den Erwerb exotischen Schmucks, darunter Korallen und Bernstein.

Vergleich: Die Griechen gründen Massilia, das heutige Marseille.

550

Die Kelten verdrängen in den folgenden 150 Jahren die Illyrer aus Bayern.

Vergleich: Neapel wird griechische Kolonie.

Vergleich: Die Griechen vernichten in der Schlacht bei Salamis die persische Flotte.

462

Vergleich: Beginn der Demokratie in Athen.

450

Die *Kelten* bestimmen fast fünfhundert Jahre lang bis zum Erscheinen der Römer eine hohe Zivilisation und Kultur im Nordalpenraum. Sie kommen aus dem Westen, gründen zweihundert nachgewiesene Oppida, ständig bewohnte stadtartige Orte. Ihr Königreich Noricum (s. 250) liegt im Osten des Inn und steht bereits im Jahr 129 v. Chr. mit Rom in Verbindung. Es wird von den Alaunen bewohnt. Im Westen des Inn siedeln die vier vindelikischen Stämme: Cosuantes, Ruciantes, Licates und Catenates. Die Licates, von denen der Lech seinen Namen (Likias) bezieht, sind allein zu lokalisieren. Gesichert sind als Hauptorte der Estionen das Oppidum Cambodunum (Kempten) und der Brigantier Brigantinum (Bregenz). Unbekannt sind die Verhältnisse in Nordbayern sowie die Art der Begegnung mit germanischen Stämmen, die von der Elbe kommend zur Kaiserzeit den Main

Fibel (Gewandspange, 4 cm Länge) in Gestalt eines Pferdchens aus dem Grab einer keltischen Dame des 5. vorchristlichen Jahrhunderts von Sengkofen, Landkreis Regensburg, gefunden 1981. (Prähistorische Staatssammlung)

erreichen. »Selber kein Wesen zu haben, aber jedes scheinen zu können« charakterisiert die Kelten. Sie sind »vielgesichtig, erregt und noch leichter erregbar, phantasievoll, hochfahrend, theatralisch«. (Benno Hubensteiner.)

Im vorrömischen Nordwestnoricum leben am Oberlauf der Salzach die Ambisontes, im Chiemgau die Alauni und am unteren Inn die Saevaces.

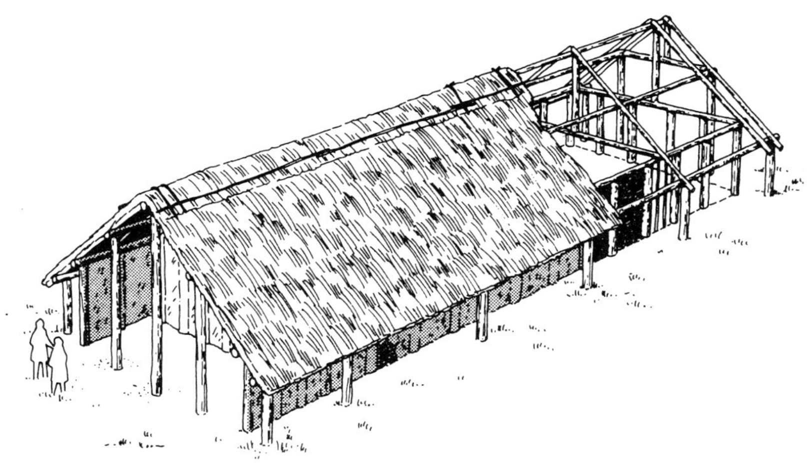

Haus aus der frühen Latènezeit um 450 v. Chr. (Rekonstruktion) von Regensburg-Harting. Das Dach wird von Wänden und Außenpfosten getragen. (Bayerisches Landesamt für Denkmalpflege)

Eisengewinnung und Salzbergbau schaffen erstmals im Nordalpengebiet soziale Unterschiede in der nicht führenden Bevölkerung. Zur bisher bäuerlichen Struktur kommen Arbeiter.

Im Zuge der *Völkerwanderung* ziehen die Germanen nach Westen und Süden in das Gebiet zwischen Oder und Weichsel.

400

Der keltische Stamm der *Noriker* siedelt im Chiemgau. Auf sie ist das bayerische Kaltblutpferd »der Noriker« zurückzuführen. Zwischen Donau und Alpen entstehen sogenannte »Keltenschanzen«, die möglicherweise als Fluchtburgen, wahrscheinlich aber als Kultstätten dienten. Die Oppida-Kultur nimmt mit stadtähnlichen Siedlungen ihren Anfang und dauert bis zum Eindringen der Römer in Bayern.

Die Kelten sind Träger der Latènekultur und entwickeln den ersten eigenständigen Kunststil im Norden der Alpen. Charakteristisch ist die Verbindung von Hallstatt- und Nomadenformen sowie am Ende dieser Kulturzeit die Adaption von Ornamentmotiven der klassischen Antike.

Das *Oppidum,* der von Kelten befestigte und ständig bewohnte Platz, ist die erste stadtähnliche Siedlung im Nordalpenbereich.

Keltischer Wohnraum, Rekonstruktion im Freilichtmuseum am Fundort der Siedlung, auf dem Dürrnberg bei Hallein.

Bronzekanne mit seltsamen Fabelwesen, ein Prunkstück keltischer Kunst, 350 v. Chr. Dürrnberg bei Hallein. (Keltenausstellung Hallein 1980)

Der Mittelpunkt vereinigt wirtschaftliches, politisches und kulturelles (religiöses) Leben. Die Oppida sind erste Münzstätten, in denen Gold und Silber zu Münzen, den »Regenbogenschüsselchen« geprägt werden.

387

Vergleich: Die Kelten brennen Rom nieder.

356

Vergleich: Alexander der Große wird geboren.

300

Die Kelten siedeln auf *Herrenchiemsee* bereits an dem Platz, an dem später die Mönche im Hochmittelalter ihr Kloster er-

Die Kelten kommen. Das indogermanische Volk, das die griechische Schrift kannte, aber selbst keine schriftlichen Zeugnisse hinterließ, erobert auf seinen Italienzügen 387 v. Chr. Rom. Es behauptet sich im Norden der Alpen bis zur Unterwerfung durch die Römer im Jahr 15 v. Chr. Die Zeichnung aus der Kelten-Ausstellung von Hallein 1980 zeigt einen Streitwagen im Angriff und veranschaulicht die Wildheit, mit der die keltischen Krieger auf ihren Eroberungszügen die südeuropäischen Völker in Schrecken versetzt haben. (Kelten-Ausstellung Hallein 1980)

richten. Der Nachweis glückt im Jahr 1983 bei Grabungen im Klosterhof des alten Schlosses anhand von Holzresten.

279

Vergleich: Die Kelten stehen vor Delphi. Die Galater, einer ihrer Stämme, wandern aus Mitteleuropa über Mazedonien nach Kleinasien, wo um 235 v. Chr. ihr Siedlungsraum nach ihnen »Galatien« benannt wird.

250

Die Kelten legen in der Mittellatènezeit bei Manching, Landkreis Ingolstadt, die vermutete Hauptstadt des Vindelikerreichs an. Auf dem Schwemmkegel der Paar, nahe der früheren Mündung in die Donau, wird eine 380 Hektar große Fläche mit Wällen umgeben. Steinmauern und ein Balkenwerk sind die Materialien des sieben Kilometer langen Walls. Auf eine gewaltsame Zerstörung der Siedlung durch die Römer im Jahr 15 v. Chr. lassen zerbrochene Eisenschwerter sowie Reste von Erschlagenen schließen.

Häuser aus der Latènezeit, rekonstruiert am einstigen keltischen Siedlungsplatz auf dem Dürrnberg bei Hallein.

Unter den Kelten entsteht mit *Noricum* das erste *Königreich* im Ostalpenraum. Die Stammesgemeinschaft reicht vom Inn bis zur oberen Save und wird im Norden durch die Donau begrenzt. Der Name Noricum führt auf das alte norische Königreich (regnum noricum) zurück, das Ende des 2. vorchristlichen Jahrhunderts der keltische Stamm der Noriker gründet. Aus der unmittelbaren Nachbarschaft und dem regen Handel mit dem römischen Reich ergibt sich eine enge Verbindung zur antiken Welt.

Glasschmuck taucht auf. Die Kunst des Glasblasens ist den Kelten unbekannt, dagegen beherrschen sie die Technik des Glasgusses. Auf diese Weise entstehen buntfarbene Ringe, die zum Modeschmuck werden.

Glasarmringe aus dem Grab einer keltischen Dame des 3. Jahrhunderts v. Chr., gefunden 1981 bei Straubing-Alburg. (Prähistorische Staatssammlung, München)

Die Kelten gewinnen am Dürrnberg bei Hallein und im Reichenhaller Talbecken *Salz.* Hier tritt bis heute eine Sole von 23 Prozent Salzgehalt auf. Das Versieden erfolgt anfangs in Verdunstungsbecken und Lehmpfannen.

218

Vergleich: Hannibal überschreitet die Alpen.

200

Alkimoennis ist der Name einer keltischen Stadt auf dem Michelsberg bei *Kelheim.* Sie war von einer zehn Kilometer langen Stadtmauer geschützt und erstreckte sich vom Donau-Hochufer über Weltenburg bis an die Altmühl im Norden. Das Oppidum, das von seinen Bewohnern noch vor dem Eintreffen der Römer im Jahr 15 v. Chr. verlassen wurde, war Mittelpunkt der Eisenverarbeitung in Süddeutschland (Bleibrunner). Den Namen Alkimoennis hat der alexandrinische Astronom und Mathematiker Claudius Ptolemäus überliefert.

Zur Reitertracht gehören erstmals Sporen.

Die von den Kelten gezüchtete Rinderrasse ist klein, wenig über einen Meter mißt die Kuh bis zum Widerrist, und sie wiegt rund 250 Kilogramm. Der Milchertrag ist entsprechend gering. Schlachtungen erfolgen meist erst im dritten Jahr. Das Schwein lebt in der Herde, nicht im Stall, es wiegt rund hundert Kilogramm und deckt bis zu einem Viertel den Fleischbedarf (Rinder die Hälfte) der Kelten. Das Schaf wird vor allem der Wolle wegen gehalten und hat eine Widerristhöhe von 50–75 Zentimeter. Die Hühner sind kleiner als die heutigen Rassen und werden früh geschlachtet (nach Noelle). Der Hund gehört schon lange zur Siedlung und ist Begleiter des Menschen.

189

Vergleich: Die keltischen Bojer werden aus Italien vertrieben.

181

Am Nordstrand der Adria wird *Aquileja* als römische Kolonie gegründet. Es entwickelt sich während der Kaiserzeit zu einer der größten Städte Italiens und wird zum Hauptumschlagplatz für den Handel mit dem keltischen Nordalpenland vor dessen Eroberung durch die Römer. Aquileja ist als Bischofssitz später ein Ausgangspunkt für die Christianisierung des östlichen Noricum und Teile Pannoniens (Ostösterreich und Ungarn).

150

Der Name *Alpen* erscheint erstmals bei Polybios. Der griechi-

Spätkeltische Fibel (Gewandspange) um 150 v. Chr., Fundort Seebruck 1981, das in vorrömischer Zeit von den Kelten besiedelt war. (Ostermayer)

sche Geschichtsschreiber bereiste die Westalpen, um für Hannibal einen Weg über das Gebirge auszuforschen.

146

Vergleich: Karthago wird zerstört.

113

Die Donauzone ist von den Alpen bis zur Schwelle des mitteldeutschen Gebirges keltischer Siedlungsraum und nördliche Schutzzone des römischen Reiches. Vierecksschanzen und Keltenwälle künden noch von Siedlungen, Heiligtümern und Burgen, wie Salzburg (Rainberg), Hallein Dürrnberg und Valley über dem Mangfalltal mit dem *Weyarner Lintl.*

113 – 101

Kimbern und Teutonen, zwei germanische Stämme, drängen die Kelten in Süddeutschland zurück und stoßen über die Alpen bis ins römische Reich vor.

Norisch-pannonische Frauentracht aus Seebruck am Chiemsee, (Rekonstruktionsbild). Charakteristisch sind die bis zu 16,3 cm langen Flügelfibeln, die, paarweise auf der Schulter getragen, das ärmellose Übergewand zusammenheften. (Nach Czysz/Keller, aus: Bedaium, 1978)

100

Die *Römer* (Imperium Romanum) schließen seit Ende des 2. vorchristlichen Jahrhunderts mit dem aus einer keltischen Königsherrschaft hervorgegangenen Regnum *Noricum* Bündnisverträge.

Keltische Stammesfürsten prägen für ihr Herrschaftsgebiet eigene Münzen nach makedonischen Vorbildern.

Traunstein ist als keltische Siedlung verbürgt und führt den Namen Artobriga.

Der Untersberger Marmor wird am Südosthang des Berges bei Fürstenbrunn gebrochen.

Im letzten Jahrhundert vor Christi Geburt errichten die Kelten in ihrer Spätzeit *Viereckschanzen.* Die mit Wall und Graben umgebenen achtzig bis hundert Meter großen Gevierte sind nach heuti-

Vergleichsbild Germanenhof mit Wohn-Stallhaus, Speicher und Webhaus. Die Bauten sind typisch für die einheitliche Siedlungsweise der Germanen auf deutschem Boden. Die Rekonstruktion nach Funden aus der zweiten Hälfte des 20. Jahrhunderts wurde im Heimatmuseum Hermsdorf, Berlin, aus Materialien und mit Werkzeugen errichtet, die auch damals zur Verfügung standen. Die 121 v. Chr. erstmals nach Süddeutschland vorstoßenden Kimbern und Teutonen erreichten die Donau und zogen auf Landsuche weiter nach Kärnten. (Foto: BfH)

ger Kenntnis umfriedete Heiligtümer mit hölzernem Tempelaufbau und bis zu dreißig Meter tiefen Opferschächten für Speise-, möglicherweise auch Menschenopfer. Zwischen Salzach und Schwarzwald, den Alpen und dem Main sind 250 Erdwerke dieser Art nachgewiesen. Lokalnamen mit der Vorsilbe »Bi« (Biburg, Biberg) sind Hinweise auf zweifach durch Wall und Graben geschützte Erdbauwerke.

Kelten und Germanen kennen einen *Baumkult,* in dem eine Vorform des Maibaums erkennbar ist.

Die *Aprikose* (Mala armeniaca) wird während der römischen Kaiserzeit über Italien aus Armenien nach Noricum und Rätien eingeführt.

Bier ist ein verbreitetes Getränk bei keltischen und germanischen Stämmen.

Die germanische Kultschrift der *Runen* (raunen) entsteht. Das Alphabet der 24 Schriftzeichen, das nach den ersten 6 ›Futhark‹ benannt wird, hat seinen Ursprung nach heutiger Kenntnis in Norditalien, wo es die Germanen von den Etruskern aufgreifen,

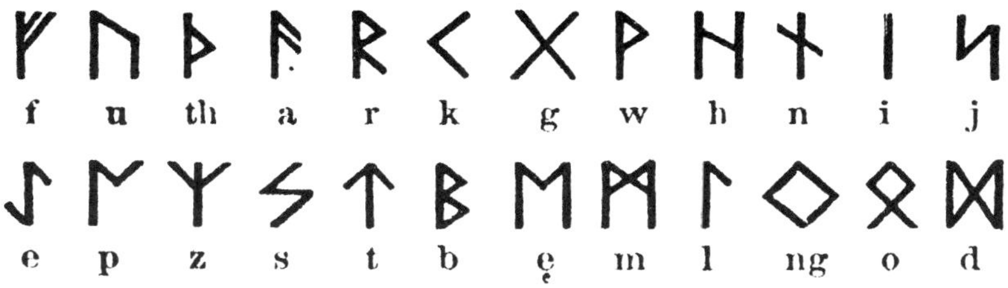

Germanisches Runen-Alphabet.

was nicht ausschließt, daß altgermanische Begriffszeichen in der Reihe aufgehen. Nach anderen Forschungen sind die Runen nördlich der Donau oder an der Ostsee entstanden. Die Schrift, deren Reihenfolge ungeklärt ist, gewinnt, den Fundstellen nach zu schließen, im europäischen Norden mehr Bedeutung als in Deutschland, wo die ältesten Nachweise aus dem 5. bis 7. Jahrhundert nach Christi Geburt stammen.

80

Der Name *Germanen* wird erstmals von dem griechischen Geschichtsschreiber Posidonius von Apameia genannt.

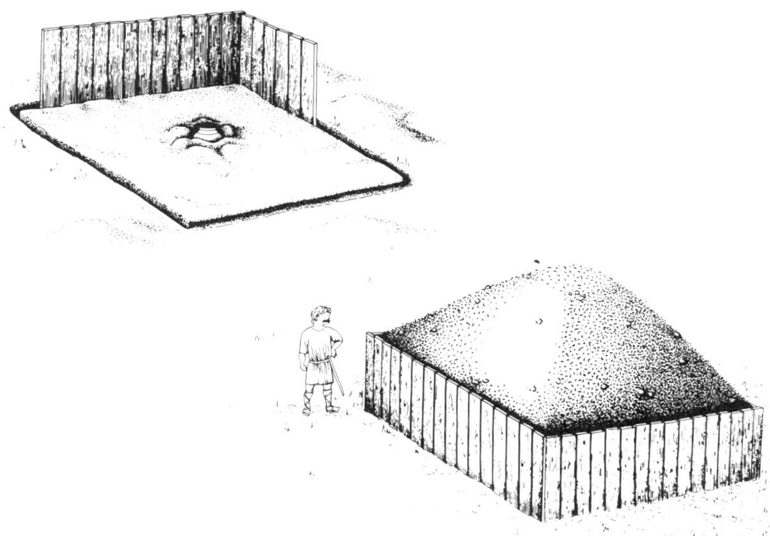

Spätkeltischer Grabhügel und dessen Anlage (oben), aus den letzten Jahrzehnten vor Christi, rekonstruiert nach dem 1980 entdeckten Friedhof von Hörgertshausen, Hallertau. Über den in der Erde versenkten Urnen ist ein rechteckiger Erdhügel aufgeschüttet, den ein Palisadenzaun von 4x3,5 m umschließt. (Rekonstruktion Prähistorische Staatssammlung München)

70

Seebruck am Chiemsee, das römische Bedaium, ist bereits zur Keltenzeit besiedelt. Eine Gewandspange vom Nauheimtyp, gefunden 1957 und eine Palmettenfibel, gefunden 1981, sind keltischen Ursprungs. Hinzu kommen Standspuren spätkeltischer Pfostenbauten.

51

Caesar beschreibt als erster die Germanen in den ›Commentarii de bello Gallico‹.

46

Cäsar führt eine Kalenderreform durch. Fortan wird das Jahr in 365 Tage eingeteilt. Alle vier Jahre folgt ein Schalttag. Dieser *Julianische Kalender* weicht bis zum 16. Jahrhundert um zehn Voraustage vom Sonnenjahr ab, was Papst Gregor XIII. im Jahr 1582 zu einer erneuten Reform veranlaßt.

44

Vergleich: Cäsar wird an den Iden des März in Rom ermordet.

27

Vergleich: Augustus wird römischer Kaiser, bis 14 n. Chr.

25

Rom gewinnt durch den Feldzug gegen die *Salasser* Zugang durch

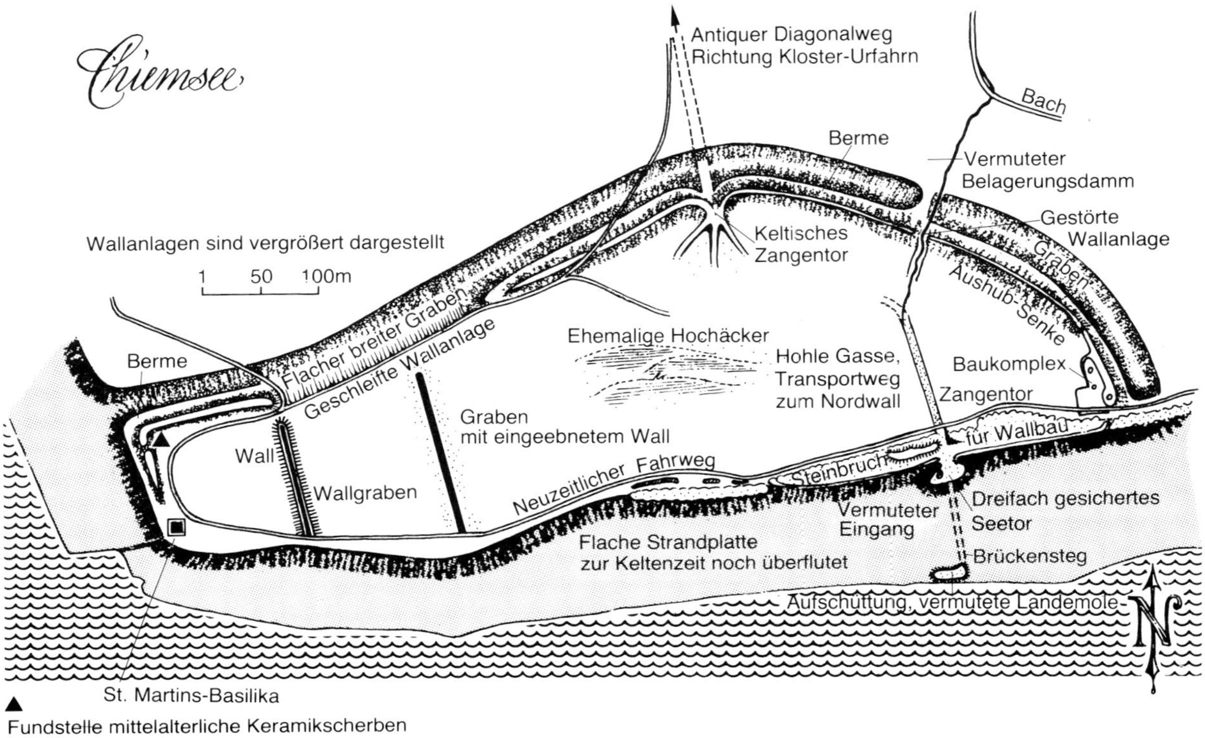

Das keltische Oppidum Bedaium auf Herrenchiemsee, das im 1. Jahrhundert v. Chr. vermutet wird. Der Rekonstruktionsversuch vermittelt nach den Kenntnissen von 1978 den befestigten und ständig bewohnten Ringwall auf der Chiemseeinsel. Die Wallanlage konnte in Kriegszeiten 6000–8000 Menschen Schutz bieten. (Zeichnung nach Fr. Dürr)

das Aostatal ins Wallis. Es leitet damit seine Eroberung der späteren Nordalpenprovinzen ein.

15

Drusus und Tiberius, Stiefsöhne des Kaisers Augustus, erobern mit zwei Armeen den Bodenseeraum und etschaufwärts das Tiroler Inntal. In einem Zangenangriff gelingt ihnen der Zugriff auf das keltische *Vindelicien.* Das schwäbisch-bayerische Hochland wird für fast 500 Jahre Teil des römischen Imperiums. Mit diesem Sommerfeldzug beendet Augustus die ständigen Einfälle keltischer Stämme in das römische Kernland im Süden der Alpen. Das Gebiet nördlich der Donau bleibt germanisch. Der Raum zwischen Donau und Alpen gelangt unter den Einfluß der Kultur des römischen Weltreiches. Das bedeutet auch eine Teilromanisierung der Bevölkerung.

Römische Truppen besetzen das Alpenvorland. Die Römer teilen ihre nordalpinen Eroberungen in zwei Provinzen: Rätien schließt Graubünden, Tirol und Südbayern bis zum Inn ein. Noricum reicht vom Inn bis an den Wienerwald, wo die Provinz Pannonien beginnt. *Vindelicien,* ein nach dem Stamm der Vindelicer benanntes Gebiet, ist ein Teil Rätiens und entspricht ungefähr dem heutigen Ober- und Niederbayern sowie Schwaben.

Die Römer zerstören das Oppidum bei Manching, eine nahe dem heutigen Ingolstadt gelegene Keltenstadt. Die hinter einem Ringwall gelegene Großsiedlung aus der Mittellatènezeit wird 1955 entdeckt. Mit dem Oppi-

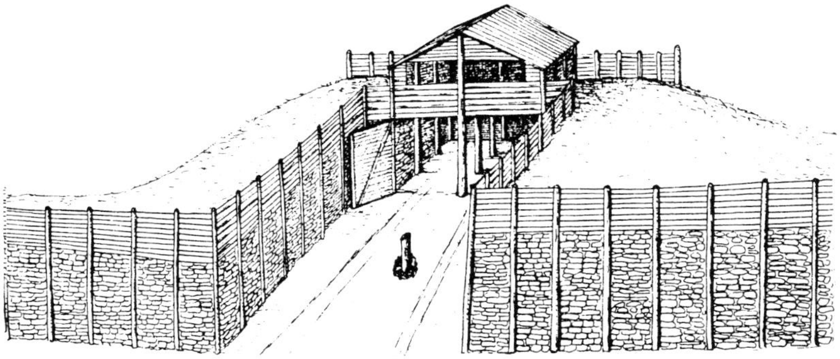

Osttor des keltischen Oppidums Manching bei Ingolstadt aus der Zeit des 1. Jahrhunderts vor Chr. (Rekonstruktion Prähistorische Staatssammlung München)

mischer Araberpferde mit den in Rätien vorhandenen Pferden. Die Haflinger behaupten sich über Jahrhunderte als Zugtiere der Bergbauern und als Lastträger der Samer und Gebirgstruppen. In der Gegenwart sind sie die zahlenmäßig bedeutendste Zuchttierrasse Bayerns. Die Markomannen gründen das erste germanische Reich in Mitteleuropa und werden später zum Hauptfeind der Römer.

dum glaubt man die Hauptstadt des keltischen Stammes der Vindelicer gefunden zu haben. Zerbrochene Eisenschwerter und Reste von im Kampf getöteten Männern weisen auf Eroberung hin.

Mit den Römern setzt der *Steinbau* erstmals im Nordalpenraum ein, bleibt jedoch auf die römische Oberschicht beschränkt. Reste von Kastellen und Landgütern (villae rusticae) sind überlieferte Nachweise. Die germanischen Stämme und die romanisierte keltische Bevölkerung kehrt nach dem Abzug der Römer im 5. Jahrhundert wieder zur Holzbauweise zurück.

Die Römer bringen Edelfrüchte, verschiedene Gemüse und Küchenkräuter nach Bayern.

Die Haflinger, ein nach einem Dorf bei Meran benannter, ausdauernder, fuchsfarbener, kleiner Pferdeschlag, entstehen vermutlich aus einer Kreuzung rö-

Römischer Legionär in Sommerausrüstung. Statuette nach Modell im Römisch Germanischen Nationalmuseum Mainz, Heimatmuseum Rosenheim. (Foto: Förg)

Ausblick

Die Vor- und Frühgeschichte Bayerns endet mit dem Erscheinen der Römer im Jahr 15 vor Christi Geburt. Die folgenden Ereignisse bewirken eine Wende, die bis in die Gegenwart heraufreicht.

1. Die schriftlose Zeit ist zu Ende. Historisches Geschehen kann seither zunehmend durch Jahresangaben belegt werden.
2. Mit der Geburt Christi beginnt die neue Zeitrechnung.
3. Dem heidnischen Götterglauben folgt das Christentum.
4. Am Ende der Völkerwanderung beginnt die bajuwarische Stammesbildung.

Die Geschichte der Bayern nimmt mit den Kelten ihren Anfang. Im Jahr 15 vor Christi Geburt werden sie von den Römern unterworfen und zugleich romanisiert, was auch den Erwerb des römischen Bürgerrechts einschließt. An der Bildung einer Mischbevölkerung haben Angehörige germanischer Stämme als Siedler, Föderaten (Grenztruppen) und Veteranen teil. Dazu kommen im Süden der Donau rätoromanische und an den Nahtstellen im Westen sicherlich auch alemannische Elemente. Diese Verbindungen vollziehen sich unter römischer Herrschaft. Nach deren Ende entwickelt sich in Generationen ein Stammesbewußtsein. Der Begriff Baioarii taucht im 6. Jahrhundert erstmals für das Mischvolk der Bayern auf. Die Auffassung ist nicht widerlegt, daß zur bereits eingesessenen Bevölkerung neue Gruppen aus dem Osten kamen. Im Norden der Donau erfolgt die fränkische Großreichsbildung, die von König, Adel und Kirche vollzogen wird und den altbayrischen Raum mit einbezieht.

Im Rückblick auf mehr als 2000 Jahre bayerischer Geschichte bilden die Kelten einen Anfang. Seither leben deren Nachfahren in den ursprünglichen Grenzen. Es ist das Altbayrische Fünfeck, der zwischen Lech und Salzach, den Alpen und dem Böhmerwald gelegene Siedlungsraum. Der Freistaat schließt als politische Einheit mit Bayern, Franken und Schwaben drei Stämme zusammen, die spätestens mit Beginn des Mittelalters Nachbarn sind.

Wegweiser zu Museen mit vor- und frühgeschichtlichen Sammlungen

(* = Museen mit Schwerpunkten zur Vorgeschichte)

Abenberg, Heimatkundliche Sammlung, Tel. 09178/7 11
Abensberg, Aventinus-Museum, Tel. 09443/4 93
Altmannstein, Heimatmuseum, Fossilien, Tel. 09446/12 33
Altötting, Wallfahrts- und Heimatmuseum, Tel. 08671/51 66
Amorbach, Heimatmuseum, Tel. 09373/3 36
*Ansbach, Markgrafenmuseum, Tel. 0981/5 12 42
*Aschaffenburg, Naturwissenschaftliches Museum, Tel. 06021/3 03 36
–, Stiftsmuseum (Untermaingebiet) Tel. 06021/3 04 64
*Augsburg, Naturwissenschaftliches Museum, Tel. 0821/24 27 24
–, Römisches Museum, Tel. 0821/3 24 21 72

Bad Aibling, Heimatmuseum, Tel. 08061/72 83 oder 24 57.
Bad Berneck, Stadtmuseum, Tel. 09235/61 25
Bad Brückenau, Heimatmuseum, Tel. 09741/7 21
Bad Kissingen, Heimatgeschichtliche Sammlung, Tel. 0971/30 01
*Bad Königshofen, Grabfeld-Museum, Tel. 09761/6 54
Bad Reichenhall, Heimatmuseum, Tel. 08651/50 11
Bad Tölz, Heimatmuseum, Tel. 08041/50 41
*Bamberg, Historisches Museum, Tel. 0951/8 74 14
*Banz, Schloß, Petrefaktensammlung Tel. 09573/2 08
–, Naturkundemuseum, Tel. 0951/2 21 29
Bayreuth, Neues Schloß, Tel. 0921/6 53 07
*Berchtesgaden, Salzbergwerk mit Salzmuseum, Tel. 08652/40 61
Betzenstein, Heimatmuseum, Tel. 09244/2 21
Bogen, Bogenberg, Kreis- und Heimatmuseum, Tel. 09422/2 61
Burghausen, Historisches Stadtmuseum, Tel. 08677/20 51

*Coburg, Naturmuseum, Tel. 09561/9 48 06

Deggendorf, Stadtmuseum, Tel. 0991/40 21–27
Dillingen/Donau, Stadt- und Hochstiftsmuseum, Tel. 09071/25 09
Dirlewang, Heimathaus Taverne, Tel. 08267/4 11

Ebermannstadt, Heimatmuseum, Tel. 09194/81 28
Ebern, Heimatmuseum, Tel. 09531/83 47
*Eichstätt, Jura Museum, Williamsburg, Tel. 08421/29 56
*–, Ur- und frühgeschichtliches Museum, Tel. 08421/47 30
Erding, Städtisches Heimatmuseum, Tel. 08122/16 05
*Erlangen, Geographische Sammlung, Tel. 09131/85 26 33
*–, Geologische Sammlung, Tel. 09131/85 26 15
*–, Mineralogische Sammlung, Tel. 09131/85 39 83
*–, Ur- und Frühgeschichtliche Sammlung, Tel. 09131/85 23 46
–, Stadtmuseum, Tel. 09131/8 62 19

*Fladungen, Rhönmuseum, Tel. 09778/4 17
*Forchheim, Museum der Fränkischen Schweiz, Tel. 09191/56 68
Freising, Heimatmuseum des Historischen Vereins
Friedberg, Heimatmuseum, Tel. 0821/60 21 05

Füssen, Heimatmuseum, Tel. 08362/70 43
Furth i. Wald, Städtisches Museum, Tel. 09973/20 11
*–, Waldmuseum, Mineralien, Tel. 09973/6 09

Gerolzhofen, Stadt- und Heimatmuseum, Tel. 09382/2 12
Gößweinstein, Heimatmuseum, Tel. 09242/2 65
*Greding, Heimatmuseum, Fränkische Alb, Tel. 08463/3 40
*Griesbach i. Rottal, Sammlung Friedl, Tel. 08532/81 95
*Grünwald, Burgmuseum, Prähistorische Staatsslg., Tel. 089/6 41 32 18
Günzburg, Heimatmuseum, Tel. 08221/60 01
Gunzenhausen, Städtisches Museum, Tel. 09831/6 11

Höchstadt a. d. Aisch, Heimatmuseum, Tel. 09193/9 21
Hörgertshausen, Heimatkundliche Sammlung, Tel. 08764/6 21

Immenstadt, Heimatmuseum, Tel. 08321/84 21
Ingolstadt, Medizinhistorisches Museum, Tel. 0841/30 54 93
–, Städtisches Museum, Tel. 0841/8 05 84 20–22

Karlstadt, Stadtgeschichtliche Sammlung, Tel. 09353/5 45
Karlstadt a. Main, Heimatmuseum, Tel. 06188/50 31
Kaufbeuren, Heimatmuseum, Tel. 08341/7 34 23
*Kelheim, Archäologisches Museum, Tel. 09441/30 12
*Kempten, Naturwissenschaftliche Sammlungen des Allgäus, Tel. 0831/25 24 06
*–, Römische Sammlung Cambodunum, Tel. 0831/25 24 06
*Kipfenberg, Heimatmuseum, Tel. 08465/2 85
Kitzingen, Städtisches Museum, Tel. 09321/2 02 72
Knetzgau, Heimatgeschichtliche Sammlung, Tel. 09527/2 92
Krumbach, Heimatmuseum, Tel. 08282/53 09
Kümmersbruck, Bergbaumuseum, Tel. 09624/8 32

*Lam, Mineralien-Museum, Tel. 09943/5 57
Landau a. d. Isar, Heimatmuseum, Tel. 09951/14 09
Landsberg a. Lech, Stadtmuseum, Tel. 08191/12 82 47
Landshut, Stadt- und Kreismuseum, Tel. 0871/8 82 18
Langenzenn, Heimatmuseum, Tel. 09101/87 64
Lauingen, Heimathaus, Tel. 09072/40 91
*–, Mineraliensammlung, Tel. 09072/40 91

Mainburg, Hallertauer Heimatmuseum, Tel. 08751/96 32
Memmingen, Städtisches Museum, Tel. 08331/1 93 42
Miesbach, Heimatmuseum, Tel. 08025/15 09
Miltenberg, Stadtmuseum, Tel. 09371/30 25
Mindelheim, Heimatmuseum, Tel. 08261/40 41
Moosburg, Heimatmuseum, Tel. 08761/3 09
Mühldorf a. Inn, Kreismuseum, Tel. 08631/23 51
Mühlhausen/Oberpfalz, Landlmuseum, Tel. 09185/13 94
*München, Anthropologische Staatssammlung, Tel. 089/59 52 51
*–, Bayerische Staatssammlung für Geologie, Tel. 089/5 20 31
*–, Bayerische Staatssammlung für Paläontologie und historische Geologie, Tel. 089/5 20 33 61
*–, Botanische Staatssammlung, Tel. 089/1 79 21
*–, Deutsches Museum, Bodenschätze, Tel. 089/2 17 91
*–, Mineralogische Staatssammlung, Tel. 089/23 94 43 12
Münchner Stadtmuseum, Tel. 089/2 33 22 54, 2 33 23 70
*–, Prähistorische Staatssammlung, Tel. 089/29 39 11
–, Staatliche Münzsammlung, Tel. 089/22 72 21-22

–, Zoologische Staatssammlung, Naturalienkabinett, Tel. 089/17 02 60
Münnerstadt, Henneberg-Museum, Tel. 09733/90 31

*Neuburg a. d. Donau, Heimatmuseum, Tel. 08431/5 52 40
Neumarkt i. d. Oberpfalz, Heimatmuseum, Tel. 09181/63 03
Neunburg vorm Wald, Schwarzachtaler Heimatmuseum, Tel. 09672/10 46-47
*Neu-Ulm, Heimatmuseum Ulmer Winkel, Tel. 0731/7 05 01
Nittenau, Stadtmuseum, Mineralien, Tel. 09436/6 76
*Nördlingen, Stadtmuseum, Tel. 09081/8 41 20
*Nürnberg, Germanisches Nationalmuseum, Tel. 0911/20 39 71
*–, Naturhistorisches Museum, Tel. 0911/22 79 70

Oberstdorf, Heimatmuseum, Tel. 08322/54 70
Ochsenfurt, Heimatmuseum, Tel. 09331/30 05
Oettingen, Heimatmuseum, Tel. 09082/28 56
Osterhofen, Heimatmuseum, Tel. 09932/10 61

Passau, Oberhausmuseum, Tel. 0851/39 63 52
Pfarrkirchen, Heimathaus, Tel. 08561/64 22
Pleystein/Oberpfalz, Haus der Heimat, Tel. 09654/4 62-3
Pottenstein, Burg Pottenstein, Tel. 09243/2 74
–, Heimatmuseum, Tel. 09243/8 33-35

*Regensburg, Stadtmuseum, Tel. 0941/5 07 29 44
Rosenheim, Heimatmuseum, Tel. 08031/39 14 09

Scheinfeld, Heimatstuben, Tel. 09162/73 69
*Schernfeld, Museum Bergér, Fossilien, Tel. 08421/46 63
Schrobenhausen, Heimatmuseum, Tel. 08252/9 01
Schwabmünchen, Heimatmuseum, Tel. 08232/20 47
Schwanfeld, Heimatmuseum, Tel. 09384/3 66
*Schwarzenfeld/Oberpfalz, Mineralogisch-Geologisches Museum, Tel. 09435/7 84
Schweinfurt, Städtische Sammlungen, Tel. 09721/5 14 77
*Seebruck, Römermuseum Bedaium, Tel. 08667/3 67
Simbach a. Inn, Heimatmuseum, Tel. 08571/20 52
*Solnhofen, Bürgermeister-Müller-Museum, Tel. 09145/2 50
Sonthofen, Heimathaus, Tel. 08321/7 63
Staffelstein, Heimatmuseum, Tel. 09573/2 28
*–, Petrefaktensammlung Schloß Banz Tel. 09573/2 08
Starnberg, Würmgau-Museum, Tel. 08151/80 70
Straubing, Gäubodenmuseum, Tel. 09421/1 63 26
*Stulln, Opf.-Flußspat-Besucherbergwerk, Tel. 09433/15 55
Sulzbach-Rosenberg, Heimatmuseum, Tel. 09661/40 55

Tittmoning, Heimathaus Rupertiwinkel, Tel. 08683/2 47 und 9 11
Traunreut, Heimathaus, Tel. 08669/22 48
Traunstein, Heimathaus, Tel. 0861/6 52 58
Treuchtlingen, Heimatmuseum, Tel. 09142/40 28
–, Ortssammlung Wettelsheim, Tel. 09142/5 50
Trostberg, Städtisches Heimatmuseum, Tel. 08621/20 21

Uffenheim, Heimatmuseum, Tel. 09842/80 01

*Viechtach, Kristall-Museum, Tel. 09942/81 07
Vilsbiburg, Heimatmuseum, Tel. 08741/5 95
Vohenstrauß, Stadtmuseum, Tel. 09651/17 66

Wasserburg a. Inn, Städtisches Heimathaus, Tel. 08071/30 61
Weiden i. d. Opf., Stadtmuseum, Tel. 0961/8 14 71
Weiler i. Allgäu, Westallgäuer Heimatmuseum, Tel. 08387/6 50

Weilheim i. Obb., Stadtmuseum, Tel. 0881/82 81, App. 29
*Weißenburg i. Bay., Heimatmuseum, Zweigmuseum der Prähistorischen Staatssammlung, Tel. 09141/20 31-3 07
Wemding, Haus des Gastes, Tel. 09092/2 01-2 02
Wertingen, Heimatmuseum, Tel. 08272/20 36
Windischeschenbach, Waldnaabtal-Museum, Tel. 09681/17 51
Würzburg, Mainfränkisches Museum, Festung Marienberg, Tel. 0931/4 30 16
*–, Mineralogisches Museum, Tel. 0931/88 84 07
Wunsiedel, Fichtelgebirgs-Museum, Tel. 09232/20 32

Zusmarshausen, Heimatmuseum, Tel. 08291/4 21
Zwiesel, Waldmuseum, Tel. 09922/20 41

Literatur: Museen und Sammlungen in Bayern, Bayerisches Nationalmuseum, München 1981 und: Der deutsche Mueseumsführer, Berlin 1979.

Literatur

Die Zeittafel wurde im Jahr 1975 begonnen. Im selben Jahr erschien Max Spindlers »Handbuch der bayerischen Geschichte«, das eine umfassende Bibliographie enthält und in Band I noch durch das Kapitel »Hilfsmittel, Quellen, Darstellungen« über Literatur zur Bayerischen Geschichte ergänzt ist. In Berücksichtigung dieses Standardwerks sind nachstehend genannte Titel entweder neueren Datums oder Beiträge zur Lokalgeschichte sowie Literatur, in der das Geschehen in einem größeren Zusammenhang aufgezeigt ist.

Archäologie in Bayern, Pfaffenhofen 1982
Bleibrunner, H.: Niederbayern 1, Landshut 1979
Das Archäologische Jahr, Stuttgart 1981, 1982
Ganss, O.: Geologische Übersichtskarte von Oberbayern, München, 1975
Ganss: Geologische Karte von Bayern, Blatt Aschau, München 1980
Ganss/Grünfelder: Geologie der Berchtesgadener und Reichenhaller Alpen, Berchtesgaden o. J.
Haunschild/Jerz: Geologische Karte von Bayern, München 1981
Herm, G.: Die Kelten, Düsseldorf, 1975
Jerz/Schmidt-Kaler: Geologica Bavarica 84, München, 1983
Kellner, H.-J.: Die Römer in Bayern, München, 1971
Kraus/Ebers: Die Landschaft um Rosenheim, o. J.
McKerrow W. S.: Palökologie, Stuttgart, 1981
Murawski, H.: Geologisches Wörterbuch, Stuttgart, 1983
Noelle, H.: Die Kelten und ihre Stadt Manching, Pfaffenhofen/Ilm, 1974
Pröbstl, M.: Der Samerberg im Eiszeitalter, Rosenheim, 1982
Rid, H.: Geologie erlebt, München, 1969
Ringler, M.: Die Welt der Pflanzen zwischen Wendelstein und Chiemsee, Gstadt, 1972
Rutte, E.: Bayerns Erdgeschichte, München, 1981
Schätze aus Bayerns Erde, Heft 17, München, 1983
Spinar, Z. V.: Leben in der Urzeit, Hanau, 1978
Torbrügge, W.: Vor- und Frühgeschichte in Stadt und Land Rosenheim, Rosenheim, 1959

Register

(Kursiv gesetzte Jahreszahlen verweisen auf Illustrationen)

Bernd Ergert
Die Jagd in Bayern
Von der Vorzeit bis zur Gegenwart
rosenheimer

». . . ein Volk mit phantastischen und barbarischen Eigenschaften«

Rudolf Reiser

Die Kelten in Bayern

200 Seiten, davon 8 Seiten
mit Abbildungen, Leinen

Zahllose Geheimnisse birgt die Geschichte der Kelten. Dieses indogermanische Volk, dessen Stämme in den ersten Jahrhunderten vor der Zeitenwende weite Teile Mitteleuropas besiedelten, das Rom erobert und bis zu den Britischen Inseln im Westen, bis Kleinasien im Osten ausgegriffen hat, dieses mächtige und bedeutende Volk hat keine schriftlichen Spuren hinterlassen. Zwar waren nicht wenige Kelten der griechischen Schrift kundig, aber keltisches Brauchtum und keltischer Kult wurden von der Priesterkaste der Druiden in ausschließlich mündlicher Überlieferung gehegt und bewahrt. Was wir von den Kelten wissen, verdanken wir den Zeugnissen antiker, meist römischer Schriftsteller und archäologischen Funden, von denen es freilich eine Fülle gibt – auch und gerade im bayerischen Raum. Darüber hinaus haben die Kelten namensgebend gewirkt, und viele unserer Fluß-, Orts- und Flurnamen sind keltischen Usprungs. Durch systematische Sprachvergleiche mit heute noch lebendigen keltischen Sprachen ist es Rudolf Reiser gelungen, eine Reihe dieser bislang rätselhaften Namen inhaltlich zu deuten. Daraus ergeben sich faszinierende Rückschlüsse, daß das Keltentum in Bayern mit dem Einfall der Römer 15 v. Chr. nicht erloschen ist, sondern daß die römische Kultur und in der Folge die christliche Religion planmäßig und organisch einer lebendigen keltischen Tradition aufgepfropft wurden – einer Tradition, die sich bis in unsere Tage zieht, wie manche Beispiele aus dem bayerischen Volksbrauchtum zeigen.

Die uralte, schon von Aventin vertretene These, daß Volk und Stamm der Bayern im Keltentum wurzeln, findet hier ihre Bestätigung, während die im nationalen Überschwang des 19. Jahrhunderts geborene Theorie von der germanischen Landnahme – längst umstritten – wohl endgültig ad acta gelegt werden kann.

Fordern Sie bitte Prospekt »Rosenheimer Raritäten« an!

 ISBN 3-475-52445-7

Dieses Buch erscheint in der Reihe »Rosenheimer Raritäten« im Rosenheimer Verlagshaus Alfred Förg GmbH & Co. KG, Rosenheim.
Gesetzt, gedruckt und gebunden wurde es bei Ludwig Auer, Donauwörth.
Das Umschlagbild zeigt einen Mondfisch (Pyrodus), als Fossil gefunden im Jurakalk von Solnhofen bei Eichstätt. Vor 140 bis 150 Millionen Jahren lebte diese Art Reiffische im tiefen Meerwasser bevorzugt von Schalentieren, worauf die runden Mahlzähne schließen lassen. Das Original (Größe 30 × 19 cm) befindet sich im Museum Bergér in Harthof bei Eichstätt.
Die Vorsatzblätter und alle nicht anders bezeichneten Graphiken und Schaubilder zeichneten Barbara und Fritz Köhler, Nußdorf.
Alle Aufnahmen ohne Fotonachweis stammen vom Verfasser.

Erdzeitkalender

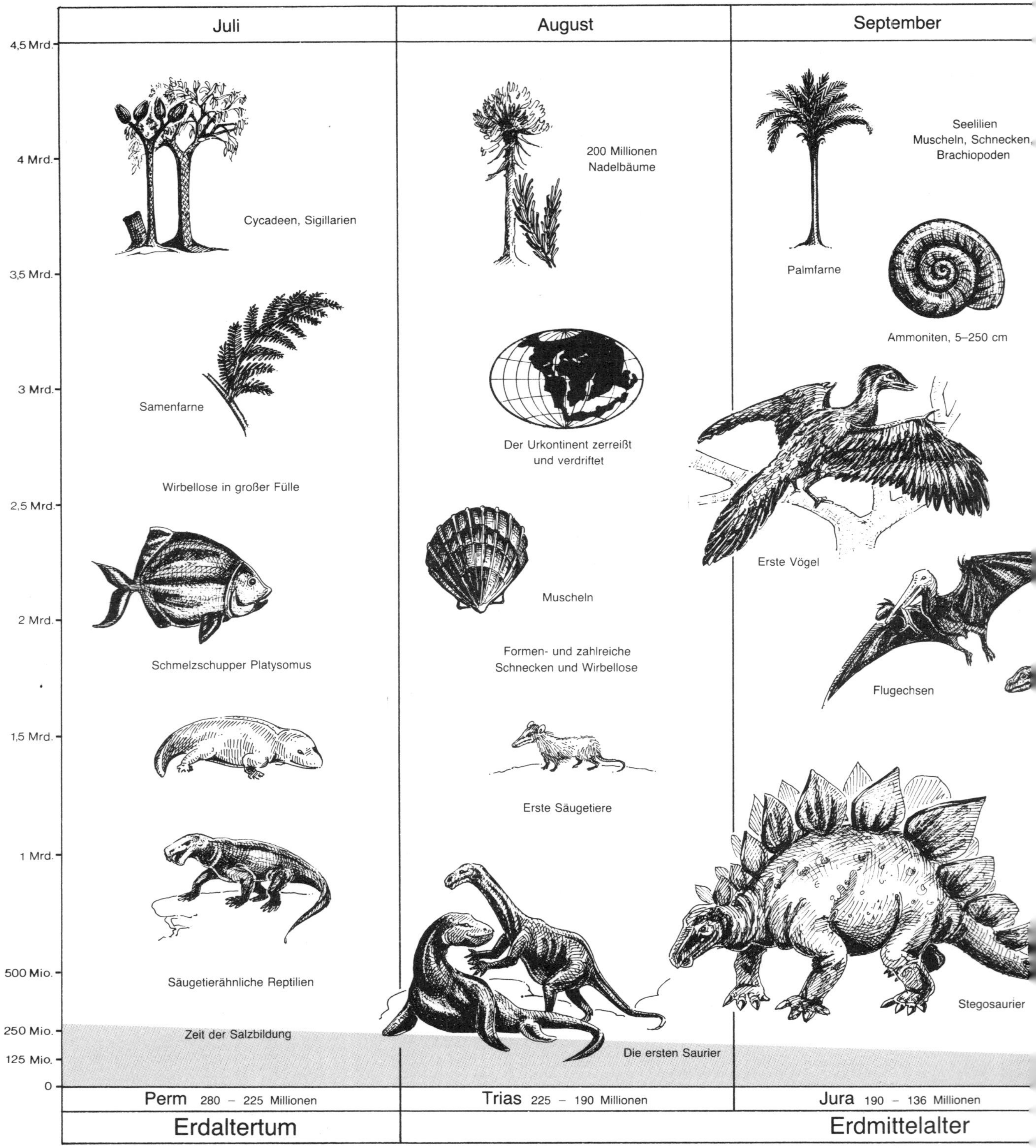